阅读大课堂

民间故事

山庙里的故事源

主　编　周国欣

副主编　杨学芹

苏州大学出版社
Soochow University Press

图书在版编目(CIP)数据

山庙里的故事源 / 周国欣主编. -- 苏州 : 苏州大学出版社, 2024.9. -- (阅读大课堂). -- ISBN 978-7-5672-4919-6

Ⅰ.G624.233

中国国家版本馆CIP数据核字第2024J4H300号

山庙里的故事源 SHANMIAO LI DE GUSHIYUAN

| 主　　编：周国欣 |
| 责任编辑：沈　琴 |
| 装帧设计：武　源　马晓晴　刘　俊 |

| 出版发行：苏州大学出版社（Soochow University Press） |
| 社　　址：苏州市十梓街1号　邮编：215006 |
| 印　　刷：苏州市越洋印刷有限公司 |
| 邮购热线：0512-67480030 |
| 销售热线：0512-67481020 |

| 开　　本：787 mm×1 092 mm　1/16　印张：12　字数：151千 |
| 版　　次：2024年9月第1版 |
| 印　　次：2024年9月第1次印刷 |
| 书　　号：ISBN 978-7-5672-4919-6 |
| 定　　价：30.00元 |

若有印装错误，本社负责调换
苏州大学出版社营销部　电话：0512-67481020
苏州大学出版社网址　http://www.sudapress.com
苏州大学出版社邮箱　sdcbs@suda.edu.cn

丛书总策划

朱绍昌

执行策划

顾 清　项向宏　刘一霖　沈 琴

特约顾问

纪学林

书香伴成长

同学们，你们拿到了这本盼望已久还飘着墨香的《山庙里的故事源》，它将默默地陪伴你快乐成长。

坚持每周读四篇。拿到新书就开始行动吧！上学期间利用中午、晚间或其他课余时间读，如果平时的阅读任务没有完成，双休日、节假日再利用一些时间补一补。短篇一篇一篇地读；长篇每天先读三四页，然后合起来读读讲讲。每篇至少读三遍，直到自己能够满意地讲述为止。

经常扮作小演员。要善于把读到的新故事讲给别人听。每天在家讲给家人听，在学校讲给学习小组长听，让大家及时欣赏到你的阅读成绩，分享到你的收获和快乐。

勇于登上大舞台。学习小组、班集体、学校都是同学们的专设舞台。期中前后，同学们要争取在学习小组里表演一次；这本书全部读完，人人要力争在班级阅读成果评比时展示一回；每年读书节期间，学校组织讲故事比赛，大家都要争取代表班级到学校大舞台上绽放一下最美的风采。

人人坚信我能行。在"书香伴成长"后面为你设计了"乐读优秀成绩嘉奖区"，由家人听你演讲过后，周末为你一周来的优秀表现进行嘉奖（在奖杯图案中填上金色），并签上名字。每本书读完了，把你讲得最满意的那一则故事的题目记录在嘉奖区的下面。

同学们，用每天的坚持，塑造最优秀的自己吧！

乐读优秀成绩嘉奖区

目录序号	嘉奖时间	奖杯举起来	嘉奖人签名	目录序号	嘉奖时间	奖杯举起来	嘉奖人签名
1—4		🏆		25—28		🏆	
5—8		🏆		29—32		🏆	
9—12		🏆		33—36		🏆	
13—16		🏆		37—40		🏆	
17—20		🏆		41—44		🏆	
21—24		🏆					

我讲得最满意的那一则故事的题目是：_____

目录

大课堂　阅读指导	001
1. 田螺姑娘	002
2. 宝莲灯	005
3. 鲁班学艺	011
4. 白蛇传	016
5. 梁山伯与祝英台	022
6. 孟姜女哭长城	027
7. 木兰从军	033
8. 长发妹	036
9. 歌仙刘三姐	045
10. 张飞数芝麻	049
11. 幸福鸟	053
12. 七兄弟	056
13. 找太阳	060
14. 刘墉智斗贪官	064
15. 包公巧审青石板	068
16. 海瑞断案	072
17. 东坡肉	075
18. 元宵节挂红灯笼的传说	078
19. 日月潭的传说	082
20. 八仙过海	085
大课堂　交流分享	089
21. 青春的泉水	090
22. 吹牛大王	093

23. 种子的故事 …………………………………… 097

24. 金斧子 …………………………………………… 099

25. 一场美梦 ………………………………………… 101

26. 机智的农夫 ……………………………………… 104

27. 一罐魔水 ………………………………………… 107

28. 商人和铁皮匠 …………………………………… 109

29. 时间的变化 ……………………………………… 114

30. 幸福就在身边 …………………………………… 117

31. 巧治老巫婆 ……………………………………… 120

32. 渔夫与魔鬼的故事 ……………………………… 123

33. 才智小女神 ……………………………………… 127

34. 翻地 ……………………………………………… 134

35. 神鸟加赫卡 ……………………………………… 136

36. 征服巨人的杰克 ………………………………… 139

37. 赌马 ……………………………………………… 146

38. 敢与魔鬼比赛的人 ……………………………… 148

39. 天使的考验 ……………………………………… 150

40. 幸福取决于什么 ………………………………… 156

41. 神奇的魔水 ……………………………………… 164

42. 国王的奖赏 ……………………………………… 166

43. 神秘口哨 ………………………………………… 170

44. 最好的老师 ……………………………………… 176

大课堂　快乐考评 …………………………………… 178

自测练习 ……………………………………………… 179

争当"最美乐读者" …………………………………… 184

大课堂

1. 走进"快乐读书吧"。看一看课本里都说了些什么。你以前读过什么民间故事?哪些内容让你感到非常有趣?课内、课外的,中国、外国的,都可以讲。

2. 研读范例说特点。仔细阅读课本里《田螺姑娘》中的一段话,边读边想:这段话寄托着那个年轻人怎样朴素的愿望?说说你熟悉的民间故事中为什么总会出现重复的段落。

3. 体悟"书香伴成长"。《山庙里的故事源》收集了古今中外优秀的民间故事。读读书的前言《书香伴成长》,读后说说你打算怎样读好这本书。

4. 开启每日进行时。从今天开始,大家的阅读旅程正式开启,养成天天读书的好习惯。不仅要读,还要能够把这些生动有趣的故事讲出来。

山庙里的故事源

1. 田螺姑娘

> 开头交代吴堪的身世，以及他爱护溪水，欣赏溪水，为下文做铺垫。

　　话说，从前江南常州有个叫吴堪的人，从小失去父母，又无兄弟姐妹，孤身一人，在县衙里做个小吏。吴堪家在荆溪旁，他常用东西盖住家门前的溪水，使得溪水十分洁净。他每次从县衙办完公事回家，都会在溪边坐一会，心里对这潺（chán）潺的溪水欣赏不已。

　　一天，他在水边看到一只白色田螺，十分可爱，便捡回家，养在水缸里。

> 你能猜到是谁为吴堪烧菜做饭的吗？继续往下读，看看你猜对了吗。

　　第二天，他从县衙回家，见桌上已摆好饭菜，就饱餐一顿。这样一连过了十多天。他以为是邻居老妈妈可怜他孤身一人，为他烧好饭菜，就跑去拜谢。老妈妈说："没有哇。这些天我一直看到一个十八九岁的姑娘，端庄美丽，勤劳贤惠，为你烧菜做饭，我还想问你她是谁呢！"

　　第二天，吴堪假装去县衙，人却躲在邻居老妈妈家里。透过门缝，他看到有位女子从他屋里走出来，到厨房里淘米做饭。吴堪急忙从外面闯进去，把女子拦在屋内。

　　吴堪十分恭敬地拜谢她。女子说："我是田螺姑娘。上天知道您爱护溪水，可怜您孤身一人，特命我和您结为夫妻。"

吴堪听了很高兴，从此两人互敬互爱，生活得很幸福。

但是，天有不测风云。吴堪的妻子美若天仙，连县令都听说了。为了霸占吴妻，县令便整天找吴堪的茬(chá)儿。

一天，县令把吴堪叫来，对他说："你办事老练，能力又强。现在我需要蛤蟆毛和鬼臂这两样东西，晚上坐堂时要用，你要准时交上来，否则就治你的罪。"

吴堪只得答应下来，愁眉苦脸地回了家。妻子问清事由，笑着说："别急，我这就去拿那两样东西。"不一会儿，妻子将两样东西拿来，吴堪这才舒了一口长气。

县令看此计不行，又生一计，几天后叫来吴堪说："我要蜗斗一枚，你快快找到，不然同样叫你大祸临头。"

面对县令的故意刁难，吴堪和他的妻子是如何应对的？

吴堪慌忙奔回家。妻子一听，说："我家就有这东西，取来不难。"说着，出去牵来一只怪兽，大小形状像一条狗。吴堪半信半疑，妻子说："它是一种奇兽，能吞火，拉火粪。你快快送去。"

县令一见怪兽，大怒："我要的是蜗斗，不是狗！"吴堪连忙回复："大人，它确是蜗斗，能吞火，还能拉出火粪。"县令马上命人点着炭火，让怪兽吃。怪兽一口吞下火，随后拉出的粪也是火。

县令见此情形，一拍惊堂木："这样的东西有什么用？"他命人灭火扫粪，还要治吴堪的罪。吴堪忍无可忍，拉过旁边的帐幔(màn)往火粪中一扔。轰的一下，大火腾空而起，把县衙的桌椅板凳、屋顶全烧着了，浓烟滚滚，遮天蔽日。

恃强凌弱、蛮不讲理的县令得到了应有的惩罚。

最后，县令被烧成了黑炭，而吴堪和他的妻子呢，终于过上了幸福美满的生活。

乐行乐思

这个故事中有很多不可思议的情节，你觉得哪个情节最不可思议呢？动笔写一写。

2. 宝莲灯

中国的名山众多，其中举世闻名的有五座：东岳泰山、南岳衡山、西岳华山、北岳恒山、中岳嵩（sōng）山。却说那西岳华山，也有东峰朝阳、南峰落雁、西峰莲花、北峰云台、中峰玉女五座山峰，如美丽的花瓣盛开在关中大地上，煞（shà）是美丽，所以人称花山，后来叫作华山。

掌管华山的神仙是一位如花般美丽、如水般温柔的仙女——华山三圣母娘娘。这三圣母就住在莲花峰顶的圣母殿里，身边还有一盏王母娘娘赠的镇山之宝——宝莲灯。

> 美丽温柔的三圣母用宝莲灯帮助他人，体现了她的仁慈善良。

只要宝莲灯显威，不管哪路妖魔、哪方恶霸，要么束手就擒，要么逃之夭夭。不过三圣母仁慈，常常不辞辛苦，用神灯指引进山迷路或陷入危难的人。

这天，大雪纷飞，游人、香客全无。三圣母正独自在殿里轻歌曼（màn）舞，忽见一人跨进殿来。她急忙登上莲花宝座，化为一尊塑像。进来的是位进京赶考的年轻书生，叫刘彦昌，因路遇大雪，想进殿避避。谁知他刚跨进大殿，就被三圣母的塑像深深地吸引了。他想，可惜，这是一尊没有血肉、没有情感和知觉的塑像！

刘彦昌怀着深深的遗憾，抑制不住内心的爱慕之情，取出笔墨，龙飞凤舞地在大殿的白壁上题诗一首：

只疑身在仙境游，人面桃花万分羞。
咫尺刘郎肠已断，寻她只在梦里头。

> 这几句诗表达了刘彦昌对三圣母的爱慕之情。

三圣母默默地凝视着刘彦昌，心里十分矛盾：眼前这位年轻书生多么英俊、潇洒、有文采，又对自己满怀深情，自己又何尝不喜欢他呢？可是，一个上界仙女，一个下界凡人，又怎能缔(dì)结姻缘！

> 心理描写表现三圣母的矛盾心情，为下文埋下伏笔。

雪停了，三圣母目送惆(chóu)怅(chàng)离去的年轻人，心中也依依不舍。

再说刘彦昌离开圣母殿没走多远，山中忽然起了大雾，他寸步难行，而且四面又传来狼嗥(háo)虎啸声。三圣母为单身行路的书生担忧，连忙提着宝莲灯出门查看。只见大雾茫茫一片，突然下面传来呼救声，原来一头猛虎正向刘彦昌扑去。三圣母赶紧用神灯一照，立刻云消雾散，猛虎也受惊逃走了。刘彦昌认出救他的正是三圣母娘娘。两人四目相对，终于走到了一起。

> 三圣母救了刘彦昌，二人缔结姻缘。

婚后，两人恩爱无比。后来，刘彦昌考期临近，三圣母已有身孕。上路赶考前，刘彦昌赠三圣母一块祖传沉香，说日后生子可以"沉香"为名。二人十里相送，难舍难分。

谁知，世上没有不透风的墙，三圣母私嫁凡人的消息最终被她的哥哥二郎神知道了。这二郎神性情专横，头脑古板，觉得妹妹私自下嫁凡人，不但犯了天规，而且败坏门风，害得他在天庭丢脸。他怕玉

> 交代二郎神来抓三圣母的原因，表现他的冷酷无情，不讲骨肉亲情。

帝一旦问罪，自己受牵连，就毫不犹豫地点起天兵天将，放出哮天犬，直奔华山兴师问罪。

兄妹俩话不投机，动起手来。无奈三圣母有宝莲灯护身，二郎神总近不了她的身。但打着打着，三圣母忽觉腰酸腹痛。她刚一踉（liàng）跄（qiàng），一旁的哮天犬猛地冲上来，一口咬住了宝莲灯。失去了宝莲灯，二郎神一下子就捉住了三圣母。他命三圣母打消凡心，三圣母坚决不从。二郎神气得"哇呀呀"怪叫，一掌把三圣母打入莲花峰下的黑云洞里，让她永远不得出来。

三圣母在暗无天日的黑云洞里生下儿子沉香。为防不测，她写下血书放入孩子怀中，又托付土地：一个月后在圣母殿里，将孩子交给前来朝山的刘彦昌。

再说上京赶考的刘彦昌一举金榜题名，被封为扬州巡抚。他走马上任前，特来华山。谁知圣母殿里积满灰尘，四面蛛网，满目凄凉。再看三圣母塑像，虽说容貌依旧，却好像面带愁态，神色忧伤。

刘彦昌正在低头难过，忽然吹来一阵香风，又听到有孩子的哭声。刘彦昌猛一抬头，见香案上躺着个婴儿，正蹬手蹬脚地哭哩。他连忙上前抱了起来，原来是个男婴，脖子上挂着沉香，怀里还揣（chuāi）着血书。

刘彦昌再次来到华山，见到婴儿，读了血书，心情如何？他又是怎么做的？

刘彦昌读完血书，泪如雨注。原来三圣母遭此大难，眼前的男婴就是自己的儿子！刘彦昌哭着把沉香带回扬州，雇了奶妈，留在自己身边细心抚养。

再说沉香一天天长大，聪明伶俐，身强体壮，也渐渐地懂事了。十三岁那年，沉香偶然在父亲的箱柜里翻出血书，才知

道母亲被压在华山底下。他一心想救出母亲，但父亲对此总是摇头叹气。一天，沉香实在忍不住了，就带了血书，不辞而别，独自上华山救母。

沉香走哇走，磨破了脚掌，吃尽了千辛万苦，终于走到了华山。可是，母亲在哪里呢？

沉香历经千辛万苦来到华山寻找母亲，他能顺利找到母亲吗？

他放声大哭。悲惨的哭喊声在山谷中回荡，惊动了过路的霹雳大仙。好心的大仙看了血书，深为善良的三圣母和苦难的孩子抱不平。霹雳大仙想了想，就答应带沉香去找母亲。

沉香催大仙赶紧上路。于是，大仙在前面行走如飞，沉香在后面紧紧相随，不敢落下半步。

走着走着，前面出现一条大河，只见霹雳大仙一飘就过去了。河上没有桥，也没有船，但沉香想也没想，就奋不顾身地跳下河，想游过去追赶大仙。谁知这条河不是一般的河，而是天河。沉香跳到天河里，被天河水一冲洗，很快脱胎换骨，变得力大无比。

为救母亲沉香勇往直前、奋不顾身，拥有了神力，获得了神斧。

霹雳大仙又告诉他：前面山里锁着一把宝斧，有了宝斧才能劈开华山。沉香直奔过去，只见那里燃烧着烈火，一团团火焰直往外蹿（cuān）。沉香一心取宝斧，什么也顾不上了，纵身就往烈火里跳。谁知里面并没有火，只见一把宝斧锁在山崖上，闪耀着红光。沉香一步跨了过去，扭断锁链，取下宝斧。

有了神力和宝斧，沉香谢过霹雳大仙，再上华山救母。他来到华山黑云洞前，大声呼唤娘亲。他的呼唤声穿透重重岩层，传入三圣母的耳中。

三圣母知道儿子来救自己，激动不已。但她知道哥哥二郎神神通广大，当年大闹天宫的孙悟空也败在他的手中。沉香年幼，二郎神又抢去了宝莲灯，儿子哪里是他的对手呢？无奈，三圣母叫儿子不要轻举妄动，而是去向舅舅求情。

沉香来到二郎神庙，向舅舅二郎神苦苦哀求。谁知二郎神铁石心肠，非但不肯放出三圣母，反而舞起三尖两刃刀，劈头向沉香砍来。

沉香对母亲的孝心和真诚的态度感动二郎神了吗？

沉香怒不可遏（è），觉得二郎神欺人太甚，便抡起宝斧，迎了过来。二人云里雾里，刀来斧往，山里水里，变龙变鱼，从天上杀到地下，从人间杀到天庭，直杀得地动山摇，翻江倒海，天昏地暗。

这件事惊动了天上的太白金星，他派了四位仙姑前去查看究竟。四位仙姑站在云端看了一会儿，觉得二郎神身为舅舅，如此凶狠地对待一个孩子，太无情无义了。于是，她们相互一使眼色，暗中给沉香输入一股巨大的神力，使沉香越战越勇，二郎神再也招架不住，只得落荒而逃，宝莲灯也落到沉香的手中。

四位仙姑为什么暗中帮助沉香？

沉香立即赶回华山，来到黑云洞前。只见他抡（lūn）起神斧，猛劈过去。只听得轰隆隆一声巨响，华山裂开了。受了整整十三年苦难的三圣母重见天日，和儿子紧紧地拥抱在一起。

沉香打败二郎神，劈开华山，救出了母亲，真是了不起！

请依照故事内容，梳理下列情节，将正确的序号填在前面的括号中。

（　）在霹雳大仙的帮助下，沉香拥有了神力和宝斧。
（　）华山三圣母爱上了人间书生刘彦昌，二人结为夫妻。
（　）沉香在四位仙姑的帮助下，打败了二郎神，夺回了宝莲灯。
（　）十三岁那年，沉香得知母亲被压在华山下，独自上华山救母。
（　）沉香找到黑云洞，三圣母劝儿子去向舅舅二郎神求情。
（　）二郎神责怪妹妹私嫁凡人，前来捉拿三圣母，把她压在华山下的黑云洞里。
（　）沉香抡起神斧劈开华山，救出母亲。
（　）三圣母在黑云洞里生下儿子沉香，托付土地将孩子交给刘彦昌。
（　）二郎神不仅不理会沉香的哀求，还想杀了他。

3. 鲁班学艺

年轻的鲁班,决心要上终南山拜师学艺。他拜别了爹妈,骑上马直奔西方,蹚(tāng)过一条条溪流,越过一座座山冈,一连跑了三十天。前面没有路了,只见一座大山,高耸入云。鲁班想,怕是终南山到了。山上弯弯曲曲的小道有上千条,该从哪一条上去呢?鲁班正在为难,忽然看见山脚下有一座小房子,门口坐着一位老奶奶在纺线。鲁班牵马上前,作揖(yī)相问:"老奶奶,我要上终南山拜师学艺,该从哪条道上去?"老奶奶说:"这里有九百九十九条道,正中间一条就是。"鲁班连忙道谢。他左数四百九十九条,右数四百九十九条,选正中间那条小道,打马跑上山去。

> 你从哪里看出鲁班拜师学艺的决心之大?

鲁班到了山顶,只见树林子里露出一带屋脊(jǐ),走近一看,是三间平房。他轻轻地推开门,屋子里破斧子、烂刨子摊了一地,连个插脚的地方都没有。一个须发皆白的老头儿,伸出两条腿,躺在床上睡大觉,打呼噜像擂(léi)鼓一般。鲁班想,这位老师傅一定就是精通木匠手艺的神仙了。他把破斧子、烂刨子收拾在木箱里,然后规规矩矩地坐在地上等老师傅醒来。

> 动作、心理、语言描写,表现鲁班诚心诚意地拜师学艺。

直到太阳落山,老师傅才睁开眼睛坐起来。鲁班走上前,跪在地上说:"师傅啊,您收下我这个徒弟吧。"老师傅问:

"你叫什么名字?从哪儿来的?"鲁班回答:"我叫鲁班,从一万里外的鲁家湾来的。"老师傅说:"我要考考你,你答对了,我就把你收下;答错了,你怎样来还怎样回去。"鲁班不慌不忙地说:"我今天答不上,明天再答。哪天答上来了,师傅就哪天收我做徒弟。"

老师傅将(lǚ)了将胡子说:"普普通通的三间房子,几根大柁(tuó)?几根二柁?多少根檩(lǐn)子?多少根椽(chuán)子?"鲁班张口就回答:"普普通通的三间房子,四根大柁,四根二柁,大小十五根檩子,二百四十根椽子。五岁的时候我就数过,师傅看对不对?"老师傅轻轻地点了一下头。

老师傅接着问:"一件手艺,有的人三个月就能学会,有的人得三年才能学会。学三个月和学三年,有什么不同?"鲁班想了想才回答:"学三个月的,手艺扎根在眼里;学三年的,手艺扎根在心里。"老师傅又轻轻地点了一下头。

老师傅接着提出第三个问题:"两个徒弟学成了手艺下山去,师傅送给他们每人一把斧子。大徒弟用斧子挣下了一座金山,二徒弟用斧子在人们心里刻下了一个名字。你愿意跟哪个徒弟学?"鲁班马上回答:"愿意跟第二个学。"老师傅听了哈哈大笑。

老师傅说:"好吧,你都答对了,我就把你收下。可是向我学艺,就得使用我的家伙。可这些家伙,我已经五百年没使唤了,你拿去修理修理吧。"

鲁班把木箱里的家伙拿出来一看,斧子崩了口子,刨子长满了锈,凿子又弯又秃，都该拾掇（duō）拾掇了。他挽起袖子，就在磨刀石上磨起来。他白天磨，晚上磨，磨得膀子都酸了，磨得两手起了血泡，又高又厚的磨刀石，磨得像一道弯弯的月牙。一直磨了七天七夜，斧子磨快了，刨子磨光了，凿子也磨出刃来了，一件件都闪闪发亮。他一件一件送给老师傅看，老师傅看了不住地点头。

老师傅说："试试你磨的这把斧子，你去把门前那棵大树砍倒。那棵大树已经长了五百年了。"

鲁班提起斧子走到大树下。这棵大树可真粗，几个人都抱不过来；抬头一望，快要顶到天了。他抡起斧子不停地砍，足足砍了十二个白天十二个黑夜，才把这棵大树砍倒。

鲁班提起斧子进屋去见师傅。老师傅又说："试试你磨的这把刨子，你先用斧子把这棵大树砍成一根大柁，再用刨子把它刨光。要光得不留一根毛刺儿，圆得像十五的月亮。"

鲁班转过身，拿起斧子和刨子来到门前。他一斧又一斧地砍去了大树的枝，一刨又一刨地刨平了树干上的节疤，足足干了十二个白天十二个黑夜，才把那根大柁刨得又圆又光。

鲁班按照师傅的要求认真刻苦，勤练基本功。读到这里，你想对他说些什么呢？

鲁班拿起斧子和刨子进屋去见师傅。老师傅又说："试试你磨的这把凿子，你在大柁上凿两千四百个眼儿：六百个方的，六百个圆的，六百个楞（léng）的，六百个扁的。"

鲁班拿起凿子和斧子，来到大柁旁边就凿起来。他凿了一个眼儿又凿一个眼儿，只见一阵阵木屑乱飞。足足凿了十二个白天十二个黑夜，两千四百个眼儿都凿好了：六百个方的，六百个圆的，六百个楞的，六百个扁的。

鲁班带着凿子和斧子去见师傅。老师傅笑了，夸奖鲁班说："好孩子，我一定把全套手艺都教给你！"说完就把鲁班领到西屋。原来西屋里摆着好多模型，有楼有阁有桥有塔，有桌有椅有箱有柜，各式各样，精致极了，鲁班眼睛都看花了。老师傅笑着说："你把这些模型拆下来再安装上，每个模型都要拆一遍，安装一遍，自己专心学，手艺就学好了。"

> 鲁班拆安模型达到了废寝忘食的程度。

老师傅说完就走出去了。鲁班拿起这一件，看看那一件，一件也舍不得放下。他把模型一件件擎（qíng）在手里，翻过来倒过去地看，每一件都认真拆三遍安装三遍。每天饭也顾不得吃，觉也顾不得睡。老师傅早上来看他，他在琢（zuó）磨；晚上来看他，他还在琢磨。老师傅催他睡觉，他随口答应，可是不放下手里的模型。

> 鲁班不仅把师傅所有的手艺学会了，还能创造出新模型来。

鲁班苦学了三年，把所有的手艺都学会了。老师傅还要试试他，把模型全部毁掉，让他重新制造。他凭记忆，一件一件都造得跟原来的一模一样。老师傅又提出好多新模型让他造。他一边琢磨一边做，结果都按师傅说的式样做出来了。老师傅非常满意。

一天，老师傅把鲁班叫到跟前，对他说："徒弟，三年过去了，你的手艺也学成了，今天该下山了。"鲁班说："不行，我的手艺还不精，我要再学三年！"老师傅笑笑，说："以后你自己边做边学吧。你磨的斧子、刨子、凿子，就送给你了，你带去使吧！"

鲁班舍不得离开师傅，可是知道师傅不肯留他了。他哭着说："我给师傅留点什么东西呢？"老师傅又笑了，他说："师傅什么也用不着，只要你不丢师傅的脸，不坏师傅的名声就足够了。"

鲁班只好拜别师傅，含泪下山。他永远牢记师傅的话，用师傅给他的斧子、刨子、凿子，给人们造了许多桥梁、机械（xiè）、房屋、家具，还教了不少徒弟，留下了许多动人的故事，后人都尊他为木工的祖师。

鲁班勤学苦练、刻苦钻研的精神值得我们学习。

乐行乐思

鲁班在学艺的过程中遇到了哪些挑战？他是怎么做的？得到了怎样的结果？你从中获得了什么启示？填一填下面的表格。

遇到的挑战	鲁班的做法	事情的结果	启示
等师傅		师傅决定收他为徒	
磨工具	磨了七天七夜		
		把大柁刨得又光又亮	

山庙里的故事源

4. 白蛇传

> 交代了故事的主要人物。

传说，在四川峨眉山的一个仙气缭绕的山洞里，住着一条修炼了千年的白蛇和一条修炼了八百年的青蛇。她们虽是蛇精，却心地善良，从不伤害百姓。

一天，白蛇和青蛇耐不住洞中的寂寞，就瞒着师父黎山老母，变作两位美丽的姑娘，一个叫白娘子，一个叫小青，来到人间天堂——杭州游玩。

两人正在西湖断桥边看荷花，忽然间乌云密布，电闪雷鸣，一场倾盆大雨眼看就要泼下来。白娘子和小青既没带伞，又不便在众人眼皮底下变化，正着急，一位老实的后生走上前来说："两位小娘子用我的伞吧。"两人感激不尽，约好明天到宅上还伞。

> 白娘子为何想与许仙结为夫妻呢？

第二天，白娘子和小青按后生留下的地址找到钱塘门，才知后生姓许名仙，父母双亡，寄住在姐姐家，现在一家药店当伙计。白娘子见许仙忠厚老实，心地善良，有意和他结为夫妻。

> 白娘子与许仙结为夫妻后，日子幸福美满。

许仙当然打心眼里高兴，当时便由小青撮（cuō）合，二人结为夫妻。许仙成家后搬出姐姐家，和白娘子在西湖边开了一家药店。由于许仙人缘好，手脚勤快，白娘子神通广大，什么草药都找得到，他们的药店生意越来越红火。

一天，许仙正在柜台里做生意，门外进来一个化缘的和尚。那和尚一见许仙，忙说："阿弥陀佛，贫僧是镇江金山寺住持法海。今见施主面带妖气，想必家有妖怪？"

许仙大吃一惊，说："家中只有妻子和一个丫鬟，哪来的妖怪？""既然如此，"法海道，"可能你那妻子就是妖怪。你先不要声张，等端午节时引她喝下一杯雄黄酒，一切便知。日后有事，可到金山寺找我。"

端午节那天，白娘子在丈夫的勉强下喝了一口雄黄酒，马上感觉头昏眼花，忙叫小青扶她回房休息。隔了好一会儿，许仙不见白娘子动静，就进房掀帐一看，只见一条水桶粗的白蛇横在床上，浑身冒着酒气。许仙当场吓得"哎呀"一声，仰面跌倒在地，死了。

在法海的挑拨下，许仙勉强白娘子喝下了雄黄酒，自己被吓死了。

许仙的惊叫声唤醒了白蛇。她道行很深，马上又变成了人形。看见许仙吓死了，白娘子慌了手脚，连忙和小青一起把许仙抬上床，说："妹妹，我只有上灵山盗来灵芝草，才能救活官人。"小青忙阻拦道："姐姐，你现在已有身孕，这一去凶多吉少哇！""管不了那么多了。我去了！"说罢，白娘子驾起云头，直奔灵山。

为了救许仙，白娘子舍命盗仙草。

守护灵芝草的灵山鹿兄鹤弟可不是省油的灯。他俩仗剑拦住已盗得仙草的白娘子，三人战在一处。白娘子无心恋战，只求尽快脱身离去，加上自己已有身孕，功力大打折扣，斗了几十个回合，早已是脸红心跳，披头散发。但为了救丈夫的命，

她还是发狠苦斗。

南极仙翁为何没有伤害白娘子？

"住手！"随着一声断喝，只见山主南极仙翁缓缓走上前来。白娘子自知理亏，赶忙上前拜见。南极仙翁一声长叹："你尘缘未了，该此一劫。快快去吧。"白娘子大喜，拜了三拜，一阵风似的赶了回去。

吃了灵芝草，不一会儿，许仙就慢慢地睁开了眼睛。白娘子长嘘了一口气。许仙一见白娘子，吃惊地喊道："你……你……"白娘子连忙安慰他："官人，刚才你看见的白蛇已被我杀死了，我扶你去看看。"许仙看见一条水桶粗的白蛇被杀死在院里，将信将疑。一天，他假托要到镇江金山寺还愿，就一个人动身去了。

法海一见许仙，便说："施主，你脸上的妖气更重了。"许仙十分疑惑："可我的妻子和常人并没什么两样啊！"法海道："那是她道行深的原因。施主放心，不出一个月，老僧定会将她捉住，镇在宝塔下面，叫她永远不能再迷惑人。"

许仙不要法海插手他们夫妻俩的事，但法海却硬把许仙留在了金山寺。

许仙一听这话，想起妻子的温柔体贴和万般好处，忙说："老法师，谢谢你的好意。不管你怎么说，我都不相信我妻子是妖怪。今后我们夫妻俩的事，不必你烦心了。"说着便要离开。法海让徒弟拦住许仙，说："施主现在不能走，否则你会越陷越深。"法海硬把许仙留在了金山寺。

过了几天，白娘子见丈夫还没回家，心中不安，便和小青一起上镇江金山寺来寻许仙。法海手持金钵（bō），拦住二人道："大胆妖怪，竟敢寻上门来。真是天堂有路你不走，地狱无门你偏行。"

一旁的小青圆睁双眼喝道:"老秃驴,快把我姐夫放出来,万事皆休,否则踏平你这鬼寺!"法海一听火冒三丈,大红袈裟(shā)一飘,舞动禅(chán)杖,和小青斗在一起。

> 神态和语言描写表现出小青疾恶如仇的个性。

白娘子因道行不及法海,又有孕在身,忙拔下金钗,迎风一晃,转眼滔滔江水汹涌而来,把金山寺团团围住。一群虾兵蟹将舞刀弄棒,杀上金山寺。

法海大吃一惊,慌忙脱下袈裟,向空中一甩,罩住金山寺。结果洪水涨高一尺,金山寺升高一尺,总是淹不掉金山寺。双方相持好几个时辰,最后白娘子只好退掉洪水,返回杭州。

白娘子水漫金山,许仙终于明白妻子并非人类。说来奇怪,许仙这时反倒踏实了,反倒觉得妻子比许多人更可爱,更温柔善良。

一天,他乘法海不注意,偷偷跑出金山寺,赶回杭州。白娘子不在家,他赶到他们第一次见面的断桥,看见白娘子和小青正坐在一条船上。

小青一见许仙,劈头就问:"你还有脸来?你怎么不带秃驴一道来捉我们?"白娘子也说:"官人,你我夫妻一场,你总知道我的为人……"说着说着,眼泪忍不住流了下来。

许仙非常难受,诚恳地说:"娘子,是我一时糊涂,我对不起你。"于是三人和好如初,一同回家。

几个月后,白娘子生下一个白白胖胖的儿子,全家都高兴得合不拢嘴。满月这天,许仙正高高兴兴地办宴席,谁知法海又手持金钵上了门。

> 三人和好如初,能过上安宁的生活吗?

许仙忙说:"老法师,我妻子到底是人是妖,是好是坏,我比谁都清楚。我很爱她,她也很爱我,请你不要再破坏我们的幸福了。"

法海道:"阿弥陀佛,施主。不管她如何变化,她总是蛇精,是蛇精就一定会害人。老僧这是为你好。"说着便闯进门来,悬起金钵,对准白娘子罩来。可怜白娘子正在坐月子,无力反抗。

> 法海又来找白娘子的麻烦了。

小青正要冲过来与法海拼命,白娘子急忙喊道:"小青快逃!他不敢杀我。你练好本领再来救我,快走!"金钵罩住了白娘子,法海把她压到西湖边的雷峰塔下,自己也在西湖边的净慈寺住了下来。

> 白娘子不是法海的对手,被压在雷峰塔下。

小青逃回峨眉山,苦练十八年后,信心百倍地来净慈寺找法海报仇。二人斗了几十回合,法海毕竟年纪大了,只有招架之功,没有还手之力。小青却越战越勇,只见她手起剑落,削向附近的雷峰塔。只听轰隆隆一阵巨响,雷峰塔倒了下来,白娘子又恢复了人形,上来夹攻法海。

法海慌不择路,一个金蝉脱壳,跳进西湖,躲到一只螃蟹的硬壳里。据说至今人们还能在螃蟹壳里,看到缩成一团的老法海哩。

> 法海不是小青的对手,只得躲进螃蟹壳里,真是罪有应得。

许仙和白娘子、小青又见面了,还带来已长成英俊小伙的儿子。一家人紧紧地抱在一起,流下了幸福的泪水。

4. 白蛇传

  如果给《白蛇传》这个故事创作连环画，你打算画哪些内容？每幅图画配什么文字？选取你最喜欢的情节进行连环画创作吧！

山庙里的故事源

5. 梁山伯与祝英台

传说，浙江上虞（yú）有个大户祝员外，老来得女，视若掌上明珠，取名祝英台。祝英台从小聪明伶俐，不仅女孩子家的针线活样样精通，就是读书识字，也比一般男孩子强得多，可以说，诗词歌赋（fù），样样精通。到了十几岁，家乡附近再也找不出可以教她的老师了，她就吵着要到杭州的书院去读书。

> 祝英台为什么要女扮男装去书院读书呢？

二老哪里舍得，更放心不下她孤身一个女子出远门。但架不住她软缠硬磨，二老只得松口，条件是她必须女扮男装，因为当时女儿家轻易抛头露面是要遭人笑话的。于是，祝英台脱下女儿装，换上书生服，带了个贴身书童就上路了。

祝英台前往的杭州万松书院名气很大，收了许多慕名前来的学生。其中有个从宁波来的梁山伯，不但长得眉清目秀，而且学习十分刻苦，才华横溢，人又特别忠厚老实，祝英台对他很有好感。

说来也巧，老师把他俩安排在同一寝（qǐn）室，这让祝英台又喜又忧。好在祝英台心细，平时非常注意，加上梁山伯憨厚诚实，一切都还顺利，没露出什么马脚。

祝英台每晚睡觉前都要在她和梁山伯的床中间放一口箱子，箱子上放一碗水，并告诫梁山伯不要乱动，不能把水打翻。梁山伯觉得很好玩儿，就照办了。所以两人同窗三年，梁山伯压根儿不知道祝英台原来竟是女儿身。

同窗三载，梁山伯和祝英台的友谊一天天加深，但祝英台的规矩也越来越多。后来，她觉得不宜跟梁山伯再继续住下去，加上思念父母，就决定告别老师、同窗，回家去。

梁山伯恋恋不舍，又老实得说不出什么劝慰的话，就闷着头送了祝英台一程又一程。

一路上，祝英台的心情矛盾极了：该不该告诉梁山伯真相呢？不告诉他吧，这书呆子怕是永远也不会知道，自己和他这一别也许就成了永别；告诉他吧，自己一个女儿家又如何开口？再说要是让外人知道，不止会笑掉大牙，还会丢了父母的脸，丢了祝家的脸。

正拿不定主意，祝英台忽见迎面有棵大槐树。她眼珠一转，开口念出一首诗来：

"先生门前一棵槐，一对书生出门来。
前面走着梁山伯，后面走着祝英台。
梁山伯与祝英台，前世姻缘配起来。"

梁山伯一听忙赞："贤（xián）弟说得真好！我俩能在一起读书三年，能在一个屋子里同住三年，又相处得这么好，的确是好姻缘哇。"祝英台白了他一眼，又继续往前走。看到一朵龙爪花，祝英台又念道：

"抬头来看龙爪花,我爹是你丈人家。
低头拾起金豆子,我弟是你小舅子。
低头拾起地骨皮,我妹是你小姨子。"

梁山伯听了连连摇头:"贤弟真是个书呆子,跟这些花儿豆儿攀什么亲家。"祝英台气得暗暗咬牙切齿,心里骂梁山伯真不开窍。

两人走过一村又一庄,眼见前面横着一条河,河里有一群鹅,正在追逐戏水,玩得高兴呢。祝英台开口念道:

"过了一村又一河,上头游来一对鹅。
雄的前头喳(zhā)喳叫,雌的后面喊哥哥。
看看雄鹅与雌鹅,好比梁兄你和我。"

"唉,"梁山伯不满地说,"贤弟又在开玩笑了,怎么把我比作呆头呆脑的鹅呢?"祝英台见梁山伯总是榆木脑袋,急得赤头涨脸,又不能明白地告诉他。这时候,一位老船工把船靠到岸边来渡梁山伯和祝英台。祝英台又做最后的努力:

祝英台巧借大槐树、龙爪花、河中的鹅、渡船来吟诗提醒梁山伯,他听明白其中的寓意了吗?

"对岸驶来一条船,我是岸来你是船。
从来只见船靠岸,何时见过岸靠船。"

梁山伯越听越糊涂,心想:"人说我呆,我这贤弟今天怎么比我还呆,尽说些摸不着头脑的话。"

说话间,二人已走了十八里路。祝英台看梁山伯依旧傻乎乎的,只好使出最后一招:"梁兄,送君千里,终有一别,我们就在这里分手吧。不过临别小弟有句话要对你说：我家有一个和我一胞所生的小九妹，模样、人品、学问也和我不相上下。梁兄如不嫌弃，请快快找人来我家提亲。"

面对如此不开窍的梁山伯，祝英台说家中有小九妹，让他找人来提亲，这小九妹是谁呢？

梁山伯高兴得当场就答应了，两人拜了又拜，最后洒泪而别。

梁山伯回去后就忙着考试，考完后他就匆匆赶回家，请父母找媒人去提亲。当梁山伯跟着媒人来到祝英台家，见到的却是恢复女儿装的祝英台。

他恍然大悟，连忙问："愚兄按约而来，您……没变卦吧？"祝英台的眼泪唰地流了下来："梁兄，太迟了！一个月前，我父母把我许配给马家了。"

梁山伯悔恨极了，一回家就病倒了，加上相思太重，最后眼看就不行了。临死前，梁山伯拉着父母的手，说："孩儿死后，请二老把孩儿葬在祝家到马家的路上，让孩儿再看一眼英台。"

那天祝英台出嫁，一到梁山伯的墓旁，她就让花轿停下来，自己走出花轿。祝英台对着梁山伯的墓拜了三拜，猛听得"哗啦啦"一阵响，梁山伯的墓门裂开了一条大缝。祝英台趁势纵身一跳，人就进了墓穴。几个丫鬟赶紧去拽（zhuài），只扯下几片衣角。

梁山伯与祝英台的爱情让人感叹。愿有情人终成眷属。

随后墓门一合，墓顶飞出两只美丽的五彩蝴蝶，在蓝天白云之下，比翼双飞。从此，人们都说，它们是梁山伯与祝英台变的。

　　《梁山伯与祝英台》是我国四大民间故事之一。读了这个故事，你觉得哪些地方让你觉得特别神奇？

6. 孟姜女哭长城

相传，在两千多年前，有一户姓孟的人家和一户姓姜的人家，是一墙之隔的好邻居。

有一年春天，孟家老伯在自家的菜园地里，种下一粒葫芦种子。这粒种子很特别，表面不但像珍珠般光滑，而且还有彩色的纹路，闻一闻还有一股清香呢！

> 葫芦种子如此特别，结出来的葫芦会是什么样儿呢？

这颗葫芦种子埋下后不久，绿色的芽儿就从地里钻了出来。不到一个月，藤蔓（wàn）儿便沿着墙爬到隔壁姜家去了。

老姜家看见这棵葫芦蔓儿爬到了自己院里，便小心地用细竹子搭了一个棚架，让它得到更多的阳光与雨露。

葫芦花开了，它引来蝴蝶围着跳舞。

葫芦花落了，一颗鲜嫩的小葫芦露出了小脑袋。

秋天到了，金黄的葫芦成熟了，孟家多么高兴啊，他们早就盼着把这只葫芦破成两个瓢（piáo），两家各一个，舀（yǎo）米、舀水都行。

两家挑了一个好日子，把葫芦从架子上轻手轻脚地摘下来，哟！这葫芦好沉好沉啊！

剖开一看：啊哈！一个白生生的女娃娃正朝着两家的老人咯咯地笑呢！

> 这个白生生的女娃娃多么招人喜爱。

这真是天大的稀奇事儿，全村都传开了。

面对这么可爱的女娃儿,孟家开口了:

"这葫芦是我家种的,女娃娃应归我家!"

"葫芦是在我家院子里养大的,当然是我家的!"

为了得到女儿,他们决定去打官司。

县官老爷还从来没有判过这样的怪案子。他问明了情由,最后判决:

"这葫芦里的女娃娃既不姓孟,也不姓姜。本官决定:这个女娃娃取姓孟姜,由两家轮流抚养,不得再争!"

孟姜两户人家为了得到女儿闹得反目成仇,打起了官司。

交代了孟姜女名字的由来。

真是皆大欢喜!从此,这个葫芦里长出的女娃娃便被大家唤作孟姜女。

孟姜女轮流在孟、姜两家生活,两家都把她当成亲生的心肝宝贝,因为有了她,两家人又像从前那样和气啦!

孟姜女18岁时,长成了一个漂亮的大姑娘,就像天上下凡的仙女。女儿长大了总要嫁人呀,姜家和孟家都希望能找一个好女婿,让女儿过上幸福的生活。

孟老头天天挑能干的小伙子,姜老头日日选忠厚的年轻人。挑啊,选啊,他们最后选中了一个名叫范喜良的好后生。

谁也没有料到,成亲三天,新郎新娘还沉浸在新婚的喜悦中,闯进两个官府的衙(yá)役(yì),把范喜良连拖带拉地绑走了。

范喜良为什么会被官府抓走呢?

原来,秦始皇正在修万里长城,专门挑选年轻力壮的小伙子当民夫。因为工程太大,条件太差,每天都有许多人累死饿死,秦始皇就不断地派人抓民夫。范喜良便是被官府看中了的。他哪能逃出官府的手掌啊!

6. 孟姜女哭长城

孟姜女恨死了秦始皇。她痛哭一场，发誓(shì)要一心一意地等待范喜良修好长城回来团圆。

日子一天天过去，孟姜女却得不到丈夫的一点儿消息。她整天在新房里唉声叹气，觉也睡不好，饭也吃不香。一年过去了，仍没有丝毫音讯。

孟姜女对父母说："我要亲自去找范喜良，找不到他，决不回家！"

父母理解孟姜女的感情，但又劝她：

"长城离家很远很远，修长城的人那么多，你哪里去找呀？何况你又是个女子……"

"长城就是在天边，山再陡，路再远，我也要找到！"

> 语言描写，表现孟姜女寻找丈夫的决心之大。

孟姜女寻找丈夫的决心很大，家里人只好送她上路了。

孟姜女踏上了很长很长、很苦很苦的路程，披星戴月，风雨兼(jiān)程。一天傍晚，她好不容易来到了离长城不远的一座山下。脚上磨出了血泡，饥饿难忍，累得腰也直不起来了，她便坐在一块大石头上休息。石头被太阳晒了一天，滚烫滚烫的，她也顾不上了。周围的蚊子又一齐向她叮来。她心中有说不尽的苦楚，就伤心地哭了。

她身下坐的大青石听到了她的哭诉：

"范喜良啊范喜良，我只要看你一眼，死了也甘心！哪怕山再高，路再远，石头再烫，蚊虫再咬，我也要见到你哟！"

大青石听了，立即凉了下来，让她休息。

蚊子听了，悄悄地全飞走了，让她安睡。

相传被孟姜女坐过的大青石，至今太阳一落山就立即凉下来，它周围一只蚊子也没有。这块石头，千百年来就被大家称为"孟

> 孟姜女对丈夫的一片深情感动了大青石和周围的蚊子。

姜女石",是被孟姜女感动的石头啊!

可怜的孟姜女,就这样走了一村又一村,翻了一山又一山,过了一河又一河,终于来到了长城脚下。

"请问,你们认识范喜良吗?"孟姜女沿着曲曲折折的万里长城,向成千上万的民夫一个一个地打听。

"不认识,不认识。""不认识,不认识。"

她继续找呀找呀,只要是能找的地方全找遍了。后来,她才知道修长城的人死得太多了!范喜良也早已累死了,但不知埋在长城脚下的什么地方。

孟姜女听到这个消息,如五雷轰顶,只感到天旋地转,顿时昏死过去。等她再睁开双眼,便号啕(táo)大哭起来,撕心裂肺地喊着:"喜良,我苦命的夫啊!老天啊,你怎么不长眼啊!"

她哭得天昏地暗,哭得电闪雷鸣,哭得大雨倾盆……

> 孟姜女好不容易来到长城脚下却听到丈夫早已累死的消息,悲痛欲绝,哭倒了长城。她的哭声真的有这么大的力量吗?

孟姜女的哭声感天动地。她哭到哪里,哪里的城墙便轰隆隆地坍(tān)倒下去,几十里、几百里的城墙就这样倒下去了。

这下可急坏了修建长城的总管老爷:这样下去,只怕自己的性命也难保了。正当他急得像热锅上的蚂蚁的时候,忽听一声:"皇上驾到!"

秦始皇亲自来长城巡视,听工程总管报告,有一个名叫孟姜女的女子,到长城来寻夫,丈夫没寻到,却哭倒了几百里长城。

秦始皇心想,世上竟有如此奇异的女子?便大喝一声:"把孟姜女带来!"

武士像猛虎一般把孟姜女带到秦始皇的面前:

"启禀皇上,她就是孟姜女!"

秦始皇抬眼一看,呀!好个美貌的女子!比我宫里的后妃都要漂亮嘛!他要孟姜女当后宫的娘娘。

孟姜女恨透了这个要修长城的秦始皇。现在,仇人就在面前,真恨不得咬他一口。但她又转念一想,我要是不答应,他决不会放过我,我何不捉弄他一番呢。于是,她说道:"皇上,你要让我当娘娘,必须答应我三个条件。"

心理活动、语言描写,表现孟姜女不畏强权、机智勇敢。

"别说是三个条件,就是三百个条件,我也办得到,快说!"

"这第一件,一定要把我丈夫的尸骨找到。"

"行!第二件呢?"

"这第二件,要为我丈夫举行国葬,满朝文武都要为我丈夫送葬。"

"行!快说第三件!"

"这第三件么……"孟姜女转脸看看秦始皇,继续说道:"我要你为他手举幡(fān)旗送葬!"

秦始皇一听这第三件,便皱起了眉。他万万没有料到这个小小的女子竟有这样大的口气。堂堂的一国之君,怎能为一个普通老百姓送葬?可秦始皇一心想要与孟姜女成亲,便只好答应了。

秦始皇为了得到孟姜女,连一国之君的面子也不顾了。

秦始皇一声令下,士兵们很快在长城脚下找到了范喜良的遗体。发丧那天,葬礼好不隆重。秦始皇举着长幡走在前面,满朝文武大臣穿了孝服跟在后面,孟姜女身着孝服守在灵车边。鼓乐齐鸣,幡旗飘扬,大队人马向范家墓地走去。

> 孟姜女跳海自尽，体现她的勇敢无畏，忠贞不渝。

送葬队伍途经渤海边，只见孟姜女跳下灵车，奔向山崖，面向大海，纵身跳下……

秦始皇恼羞成怒，气得直咬牙，却毫无办法，只好命令把范喜良的棺材也扔进大海。

孟姜女和她的丈夫终于在大海里团聚了……

后来，人们为了纪念这位刚烈殉（xùn）情的孟姜女，在山海关修了一座孟姜女庙。如今，到山海关还能见到这座庙呢！

读完这个故事，你觉得孟姜女是一位怎样的女子？

7. 木兰从军

南北朝时期，北方有个武艺高超的奇女子，名叫花木兰，不仅年轻漂亮，而且还射得一手好箭。

开头交代花木兰是奇女子，总起全文。

一天，她正在放牧，忽见几个少年跃马扬鞭，弯弓搭箭，要去打猎。她便和他们比赛，结果她的猎物最多。回到家里，母亲责备她不该到处乱跑，忘了放牧；父亲训斥她不守闺（guī）训，但见她打了不少飞禽走兽，心中暗暗觉得惊奇。

木兰正夸口说自己射箭能百步穿杨，百发百中，乡里的里长走进院来。木兰抽箭搭弦，冷不防"嗖（sōu）"的一声，把里长头上的帽子射了下来。里长大吃一惊，木兰的父亲连忙赔罪道歉，并罚木兰织布三天，不许走出房门半步。

细节描写，表现木兰的箭法高超。

原来里长是来送文书的，说是大汗要和邻国开战，急需将士，要征木兰的父亲从军。

晚上，木兰父亲和老伴儿商量：自己年老多病，家里小儿才几岁，女儿又不能指望，这可如何是好？夫妻俩愁得直叹气。隔墙的木兰听见了，也停下织机叹息不已。

木兰一夜未合眼，终于想出了一个好主意。第二天一大早，她偷偷溜出家门，上街买了一匹枣红马，又配上马鞍（ān）、马鞭

和马笼头，还找人赶做了一件战袍。然后，木兰剪了头发，扎上头巾，穿上战袍，跨上枣红马，一下子变成了个棒小伙。

> 父亲年老多病，弟弟又年幼，木兰决定女扮男装，替父从军。读到这儿，你想对她说什么？

一切收拾停当，木兰骑着马一阵风似的赶回家，父母几乎认不出她了。她道明真相，父母也没有更好的办法，只得让她替父从军。一家人洒泪而别。

木兰告别家乡，随大军奔赴边疆。走哇走，大军来到了黄河边。夜里，值勤的木兰听不见爹娘呼唤她回家的声音，只听见黄河的流水哗啦啦地响。

走哇走，大军停在了黑山下。这里已靠近敌人的阵地，备战的木兰没有时间想念家里的亲人，耳中只听见敌人的战马咴（huī）咴鸣叫。

> 写军情紧急、环境恶劣，让我们感受到战斗的紧张激烈和边疆生活的艰苦。

多少次军情紧急，多少个关山飞渡，天寒地冻的北部边疆，月光冷冷地映着将士铠（kǎi）甲的清辉，连打更的锣声也透着十二分的寒气。

历经无数次战斗，聪明机智、英勇善战的木兰一次次立功，一次次提升，最后做了左路大将军。

十二年的战争过去了，大军胜利归来。皇上亲自召见木兰，赏了她许多金银财宝，又要封她做兵部尚书。

> 立下赫赫战功的木兰为什么其他什么赏赐也不要，只要了一头骆驼？从这里可以看出她是一个怎样的人？

木兰替父从军，为的是百姓和国家。她不要金银财宝，也不愿意做什么兵部尚书，她只要了一头能走远路的骆驼，骑着它回乡服侍双亲。

十二年过去了，父母已经白发苍苍。他们听到女儿归来的喜讯，相互搀扶着来到路口，迎接他们的宝贝女儿。小弟弟也已长大成人，正在家里磨刀霍霍，准备杀猪宰羊，犒（kào）劳凯旋的姐姐。

木兰终于回来了，骑着皇帝赏赐的骆驼，身边还有几个伴她回家的战友。木兰让爹娘在屋里招待同归的伙伴，自己跑到房里，脱下战袍，换上以前的青布衣衫女儿装，梳好如云似瀑的秀发，又对着镜子贴上美丽的面饰花黄，这才羞答答地走了出来。

> 聪明机智、英勇善战的花木兰真是女中豪杰！快把她的故事讲给小伙伴们听听吧！

伙伴们一见，大惊失色：啊，共同在战场上浴血厮（sī）杀了这么多年，还不知道木兰原来竟是一个花容月貌的姑娘家！

乐行乐思

展开想象，说说伙伴们得知木兰是女子后会说些什么，然后用几句话写下来。

8. 长发妹

在山峦(luán)起伏、风景秀丽的少数民族居住的地方,有一座陡高山。山腰上有一道长长的瀑布,像一个女人躺在悬崖上,把她又长又白的头发垂下山来一样。当地的人把这瀑布叫作白发水。

这里流传着一个长发妹的故事!

很早以前,陡高山附近是没有水的。这里的人们吃用的水和田地里用的水都要靠天下雨;若天不下雨,就得到七里外的小河里去挑水。这里的水像油一样宝贵。

> 写这里的水像油一样宝贵,为下文作铺垫。

陡高山附近的村庄有个姑娘,她的头发乌黑发亮,瀑布似的飘逸(yì),直拖到脚后跟。她平日把头发盘在头顶上,头顶上盘不完就绕在颈上、肩上。

大家叫这姑娘长发妹。

长发妹家里只有一个风瘫(tān)的妈妈,躺在床上动弹不得。整个家只靠长发妹一个人养猪来维持生活。她每天到七里外的小河里挑水,又到陡高山上扯猪草回来喂猪。

> 勤劳的长发妹生活十分艰辛。

有一天,长发妹背起竹篮到陡高山上去扯猪草。她爬上山腰,爬过一个大悬崖,看见一个萝卜长在大石壁上,叶子翠翠绿绿的,非常可爱。

8. 长发妹

她想：这个萝卜扯回家去煮了吃，一定香甜可口。

她双手把萝卜用劲一拔，露出一个圆圆的洞眼，从洞眼里流出一股清清的泉水来。一会儿，"唰"的一声，萝卜从她手里飞了出来；再"噗（pū）"的一声，萝卜仍旧塞在石壁上的洞眼里，水流不出来了。

长发妹非常口渴，想喝水。她又把萝卜拔出来，洞眼里就流出了泉水。她用嘴凑近洞眼，饱饱地喝了几口水。这水清凉甜蜜，像雪梨汁一样。她的嘴刚离开石洞眼，"唰"的一声，萝卜又从她手里飞了起来；再"噗"的一声，萝卜仍旧塞在石壁上的洞眼里，水又流不出来了。

萝卜能自发地堵住泉眼。原来它就是泉水的开关。

长发妹在悬崖上呆呆地望着。

忽然，一阵大风刮来，把长发妹刮到一个山洞里。

山洞里石墩上坐着一个满身黄毛的人。他对长发妹恶声恶气地说："我这个山泉的秘密被你发现了，你不许告诉别人。你若告诉别人，别人也来这里取水，我就杀死你。我是山神，你记着！"

一阵大风刮来，把长发妹刮到山脚下。

长发妹闷头闷脑地走回家去。

她不敢把泉水的事说给妈妈听，更不敢告诉村上的人。她一想到凶恶的黄毛人，满身即刻起一层鸡皮疙瘩（gē da）。

在黄毛人的威胁下，长发妹不敢把泉水的消息告诉村上的人。

长发妹是个好心肠的姑娘，她怎能不把泉水的消息告诉村上的人呢？然而，她又怎敢把泉水的消息告诉村上的人呢？

她痛苦极了！

山庙里的故事源

长发妹原来是个活泼的女孩子，近来变得有些木讷。

她看见田地里的土块干巴巴的，庄稼枯黄枯黄的。

她看见村上的男女老少每天挑着水桶到七里外的小河里去挑水，都累得汗流满面，气喘吁吁。

她想告诉村上的人：陡高山上有泉水，只要拔掉萝卜，砍碎萝卜，凿大洞眼，泉水就会哗哗流下山来。她嘴一张，刚说出"陡高山上"，可一想到凶恶的黄毛人，她的话就咽进肚子里去了。

> 长发妹想帮助人们，可见她的善良；但她又害怕黄毛人，表现出她的胆小。

她痛苦极了！

她吃不下饭，她睡不着觉，她像个哑巴，她像个呆子。

她的眼睛不再是水汪汪的，而是阴暗暗的了。她的脸蛋不再是红绯绯的，而是黄蜡蜡的了。她的长发不再是青黝（yǒu）黝的，而是枯焦焦的了。

妈妈抓住长发妹瘦瘦的手说："孩子，你得什么病了吗？"

可是，长发妹咬住嘴唇，不说话。

> 长发妹一头青黝黝的秀发为什么会变成白雪雪的？

一天一天过去，一个月一个月过去。

长发妹的头发由青黝黝变成白雪雪的了。她没有精神梳理，也没有精神挽（wǎn）起，让这白雪雪的长头发散披在身上，像一个白毛人。

"啊！好奇怪啊！年纪轻轻的姑娘，满头白雪雪的头发！"

> 细节描写说明长发妹非常想告诉大家陡高山上有泉水。

这话在各处传开了。

长发妹呆呆地靠在大门口，望着来来往往的人。她喃喃地说："陡高山上有……"她说到这里，就用牙齿紧咬住嘴唇，咬出

一个个的血印子。

有一天,长发妹靠在门口,看见一个白胡子老人由七里外的小河里挑回一担水,颤巍(wēi)巍地在路上走。一不留心,老人碰着一块石头,跌倒在地上。水洒光了,水桶坏了,老人的腿撞破了,鲜血一直淌着。

长发妹跑过去扶起老人。她从身上撕下一块衣襟(jīn),蹲下来替老人绑住伤口。她听着老人哎哟哎哟地哼着。望着老人闭着的眼睛和脸上的皱纹,长发妹自言自语地说:"长发妹,你好怕死啊!因为你怕死,田地上的泥块才干巴巴!因为你怕死,田地上的庄稼才黄枯枯!因为你怕死,全村的人才汗流满面、气喘吁吁!因为你怕死,老爹爹才跌断了脚!你,你,你!……"

语言描写表现出长发妹十分自责和愧疚。

她捶(chuí)打着自己的头。

她再也忍不住了。她忽然大声地对老人说:"老爹爹,陡高山上有泉水啊!只要拔掉萝卜,砍碎萝卜,凿大石洞眼,泉水就会哗哗地流出来。真的,真的!我亲眼见过!"

她不待老人回答,便站了起来,披着长长的白头发,像疯子一样在村上来回跑着,大声呼喊:

"陡高山上有泉水啊!只要拔掉萝卜,砍碎萝卜,凿大石洞眼,泉水就会哗哗地流出来。真的,真的!我亲眼见过!大家快去吧!"

长发妹说出了泉水的秘密,大家相信她的话吗?

接着,她又说出发现泉水的经过,只是没有把山神的话说出来。

村上人素来认为长发妹是个好心肠的孩子,大家都相信她的话。

村上人有的拿菜刀,有的拿钢凿,跟着长发妹爬上陡高山,爬过大悬崖。长发妹双手拔下石壁上的萝卜,丢在石头上,说:"大家砍碎这萝卜,快!砍碎它,快!"

动作、语言描写,表现了长发妹的急切心情。

几把菜刀把萝卜砍成了碎渣渣。

石洞眼的泉水唰唰地射出来了。可是,石洞眼只有茶杯大,流出的泉水不多。

长发妹又说:"大家用钢凿用力凿啊!把石洞眼凿得宽宽的,快凿呀!快凿呀!"

几把凿子,"叮叮当当",一会儿,石洞眼有大碗那么大了!再一会儿,石洞眼有水桶那么大了!再一会儿,石洞眼有大水缸那么大了!

泉水向山下流去,大家开心不已,可长发妹却不见了。她到底去了哪儿呢?

泉水哗啦啦地向山下奔流而去。

村上的人都开心地笑起来。

就在这个时候,一阵大风刮来,长发妹不见了。

大家尽望着泉水笑,没有发觉长发妹不在身边。

后来有个人说:"长发妹呢?"随后有人回答:"大约她先回家了,先回家向因病卧床的妈妈报告好消息去了!"

大家欢欢喜喜地爬过悬崖,走下山来。

可是,长发妹不是回家了,而是被山神抓去了。

山神用一阵风把长发妹抓进山洞。他大声叱(chì)责说:"叫你不要告诉别人,你却带着大批人来砍碎萝卜,凿大石洞眼。现在我要把你杀死！"

长发妹披着白头发，冷冷地说："为了大家我愿意死！"

山神磨着牙齿说："我不让你痛快地死！我要叫你躺在悬崖上，让泉水从高处冲在你身上，叫你长期受痛苦！"

> 山神要惩罚长发妹，她不但坦然面对，而且还请求回家托人照顾妈妈，表现出她的勇敢和孝顺。

长发妹冷冷地说："为了大家，我愿意挨水冲。可是，我请求你放我回家一趟，托人照顾我生病的妈妈和几个猪崽（zǎi）。"

山神想了想，说："放你回家一趟。你若不来，我就封住水口，还要杀死全村的人！你来时，自己躺在悬崖上挨水冲，不要再来麻烦我了！"

长发妹点点头。

一阵大风把长发妹从洞里刮下山脚。

长发妹望着山上的泉水哗啦啦地流下山来，望着田地里水汪汪的，望着庄稼绿油油的，她笑了，她哈哈地大笑了！

她回到家里。她不能把实话对妈妈讲啊！讲了会急死妈妈的。她只说："妈，陡高山上有水流下来了，我们村上不愁水了。"接着又说："妈，邻村的小姐妹邀我去玩几天，我交代隔壁婶婶来照顾你和小猪崽。"

> 长发妹为了大家牺牲自己，不敢把实话告诉妈妈，只能跟妈妈撒谎了。

妈妈笑笑地答应说："好的！"

长发妹到隔壁交代了婶婶，回到家摸摸妈妈的脸，说："妈，我说不定要在邻村玩十来天啊！你……"

妈妈说："你高兴玩就玩吧！隔壁婶婶是个好人，会照顾我的。"

长发妹摸摸妈妈的脸，摸摸妈妈的手，她的眼泪滴下来了。

长发妹到猪栏边，摸摸小猪崽的头，摸摸小猪崽的尾巴，她的眼泪滴下来了。

她在房门口说了一句："妈，我走了！"不等妈妈回话，她甩甩长长的白头发，朝陡高山走去。

> 长发妹多么舍不得离开妈妈和小猪崽。

半路上，有一株枝长叶茂的大榕树。以前，长发妹经过这里，总坐在树下的石块上乘凉。

现在，长发妹走到树下，摸一摸树干，说："大榕树啊，以后我不能再来你下面乘凉了！"

忽然，大榕树后走出一位高大的老人，长着绿色的头发、绿色的胡子，穿着一身绿色的衣服。他说："长发妹，你去哪里呢？"长发妹叹了一口气，低着头不出声。

> 绿色的头发、绿色的胡子，说明这位老人不是普通人。

老人说："你的事情我已知道了。你是好人，我要救你。我凿起一个石头人，像你一样。你来大树后面看吧！"

长发妹转到大树后，看见有一个大石头凿成的石姑娘，很像自己，只是没有头发。

长发妹呆住了。

老人说："山神要你躺在悬崖上挨水冲，这苦可受不了呀！我把这石头人扛到悬崖上，让石头人替你受刑。可石头人只缺少长长的白头发。小姑娘，你忍受一下疼痛，我把你的白头发扯下来，安在石头人的头上。这样，山神才不会疑心。"

> 老人想办法帮长发妹躲过山神的惩罚。

老人扯下长发妹的头发，一绺（liǔ）一绺地安在石头人的头上。说也奇怪，一安上头发就生了根。

长发妹的头发没了，石头人的头上却长满了雪白的长头发。

老人笑笑地说："姑娘，你回家吧，这村里的田地有水了，以后村上人的生活会慢慢好起来的！"说完，他扛起石头人，飞快地朝陡高山跑去。

绿衣老人扛着白头发的石头人，走上陡高山，走到悬崖边。他把石头人放在悬崖上，让急流的泉水冲着。泉水冲在石头人身上，顺着石头人的头发流下山来，长长的，白白的。

啊！白发水！白发水！

长发妹靠着树根看呆了。

长发妹忽然觉得自己头上痒痒的，伸手一摸，啊！头发又长出来啦！啊！头发又长长地垂下来啦！

她用手拉到面前一看，啊！青黝黝的！她开心地跳起来！

长发妹又长出一头青黝黝的长发来了。

她在大榕树下等了许久，不见绿衣老人回来。忽然，微风吹来，大榕树枝摇叶动，发出了声音：

"长发妹，山神这家伙给瞒（mán）住了，你回家吧！"

长发妹望望陡高山上飞流而下的白发水，望望山脚下绿绿的庄稼，望望田头地尾欢乐的人们，看着落地生根、枝繁叶茂的大榕树。她甩着飘逸的长发，一蹦一跳地回家了。

原来是大榕树变成绿衣老人，帮助了善良、勇敢的长发妹。

"长发"是故事主人公长发妹的一大特点。故事中,长发妹的长发经历了哪些变化?为什么会这样变化?

9. 歌仙刘三姐

广西，是一个山也温柔、水也清碧的宝地。刘三姐的故事，更是脍（kuài）炙（zhì）人口，世代流传。"如今广西成歌海，都是三姐亲口传。"这是人们对古代歌仙刘三姐的热情赞颂。

传说古代宜山县下涧河边的壮族山村，有一个聪明伶俐、年轻美丽的农家姑娘，因她排行第三，所以就叫三姐。她自幼失去父母，与二哥相依为命，打柴种田过日子。刘三姐从小爱唱山歌，心灵手巧，插秧、打柴、编竹器、织壮锦，活路样样会，勤劳艺又精，口唱山歌手不停。刘三姐唱歌出众，歌声动人，远近闻名。每到中秋佳节，青年男女就都聚集在河边草坪上，抛（pāo）绣球，对山歌，没有哪一个唱得过她。刘三姐才貌双全，方圆百里的后生纷纷慕名而来，一心要向她求婚。她落落大方地以歌相对，表明要以歌择婿。她开口唱道：

> 三月桃花朵朵开，三妹讲歌不讲财。
> 谁能唱歌胜过我，不用花轿走路来。

求婚的人络（luò）绎（yì）不绝，酬

> 介绍刘三姐的心灵手巧、歌声动人、才貌双全，因此吸引了方圆百里的后生来向她求婚。

> 刘三姐以歌择婿，谁能从中脱颖而出呢？

唱的歌声四时不断，就是没有一个能对倒刘三姐，一个个只好怀着敬佩的心情，恋恋不舍地告辞而归。其实，刘三姐的心里，早已悄悄地爱上了同村的李小牛。他们从小就一块儿放牛、打柴，在一起唱山歌，小牛也是一名出色的歌手。在共同的劳动和歌唱中，他们建立了真挚（zhì）深厚的感情。三姐用柔美的歌声向小牛倾诉衷情：

> 妹相思，妹有真心哥也知；
> 蜘蛛结网三江口，水推不断是真丝（思）。

歌声中饱含了三姐与小牛之间真挚深厚的感情。

三姐给小牛送了绣球，小牛给三姐送了丝线，寄物定情，以身相许。他们唱道：

> 风吹云动天不动，河里水流石不流；
> 刀切莲藕丝不断，我俩连情永不丢。

这件事被当地有权势的财主莫海仁知道了，硬说刘三姐和李小牛私下定情，有失礼教，伤风败俗，要拿他们治罪。一天，三姐和小牛到河边的高山上砍柴，狠毒的莫海仁指使家丁蹿到山上，乘人不备，把他们两人推下河去。小牛当场被淹死了，刘三姐被藤蔓托挂在岸崖上。莫海仁的家丁砍断藤条，三姐掉进湍（tuān）急的河水里。恰巧，有一根木头漂来，三姐急忙抓住木头，顺水漂流到了柳州。一位老渔翁发现了，把她救上岸来。老渔翁很同情刘三姐的遭遇，收她为义女。

莫海仁指使家丁加害于刘三姐与李小牛，体现他的凶狠歹毒。

刘三姐来到柳州不久，她能歌善唱的

9. 歌仙刘三姐

名声又很快传扬开了。财主莫海仁闻讯后，暴跳如雷，坐立不安，恶狠狠地说："刘三姐呀刘三姐，我没有把你杀死，也一定要让你名声扫地！"于是，莫海仁托人用重金从外地请来三个秀才，装了满满的一船歌书，专程到柳州和刘三姐赛歌，一心要唱倒刘三姐。

> 莫海仁用重金请来了三个秀才，装了满满一船歌书，妄图唱赢刘三姐。

那天，刘三姐正在河边洗衣服。三个秀才乘船靠岸，就忙着打听刘三姐在哪里，说是奉莫海仁之命，要找她对歌，非唱赢她不可。

刘三姐见他们趾（zhǐ）高气扬，又有满船歌书，来头不小，便随口唱道：

> 刘三姐随口唱出了山歌让三个秀才无法应对，表现她的自信与对秀才的嘲笑。

江边洗衣刘三姐，你要对歌快唱开。
自古山歌心中出，哪有船装水载来？

这一唱，秀才们像是遭了当头棒喝，相对默然，无词以对。当刘三姐问明他们三人的姓氏是陶、李、罗之后，接着又唱道：

姓陶不见桃花发，姓李不见李花开，
姓罗不见锣鼓响，三位先生哪里来？

三个秀才被刘三姐这一反问，不能继续装聋作哑，于是赶快翻出歌书，勉强凑几句对答。然而，不到几个回合，就被刘三姐犀（xī）利的山歌压倒了。刘三姐见他们这副狼狈相，用歌声讽刺：

风打桃树桃花谢，雨打李树李花落，棒打烂锣锣更破，花谢锣破怎唱歌？

唱得三个秀才瞠（chēng）目结舌，只好上船逃走。从此，刘三姐的声誉更高了，来向她学歌、请她去传歌的人更多了。

> 刘三姐用歌声讽刺了三个秀才，他们狼狈而逃。

莫海仁一计未成又生一计。他派遣两个打手，乘夜深人静，将刘三姐捆绑起来，放入猪笼，丢下河去。等到乡亲们闻讯赶到，把刘三姐打捞起来，已经救不活了。那天正是中秋节，大家用传统的葬礼，把刘三姐遗体洗净，打扮得像她生前那样漂亮，埋在柳江边，坟前供祭着两条大鲤鱼，大家含悲唱歌悼念她。忽然间，坟墓裂开，只见复活了的刘三姐闪跳出来，骑在一条鲤鱼背上，跃然而起，飞升上天去了。另一条鲤鱼来不及起飞，就化成了屹（yì）立江边的鱼峰山。

> 穷凶极恶的莫海仁害死了刘三姐。

后来，人们为了纪念刘三姐，每当中秋之夜，四乡歌手都云集在鱼峰山下，举行一年一度的山歌盛会。这样代代相传，八月十五便成了壮族人民的传统歌节。

> 结尾点明了八月十五壮族传统歌节的由来。

乐行乐思

歌仙刘三姐的故事为什么能世代流传呢？

10. 张飞数芝麻

三国时，刘备手下有一员猛将名叫张飞，也是刘备桃园三结义的兄弟。他打起仗来异常勇猛，但脾气暴躁，说话直来直去，办事粗心大意，缺少计谋。

对他的这些缺点，刘备也毫无办法。

刘备的军师诸葛亮是个有心人，他很想把张飞这个缺点改过来，使他成为有勇有谋的大将军。他把自己的想法告诉了刘备，刘备当然高兴。

> 诸葛亮会怎样帮助张飞改正缺点呢？真令人期待。

刘备便问诸葛亮："先生有什么妙计，能把三弟的脾气改过来呢？"

诸葛亮说："我打算派张飞去把守荆（jīng）州西面的大门秭（zǐ）归，你看如何？"

刘备把手直摆："哎呀，这可不行，你知道三弟性烈如火，脾气太坏，让他独当一面，万万不可啊！"

诸葛亮心里早有安排，他笑了笑，摇了摇手中的鹅毛扇，对刘备说：

"主公放心吧，我会有办法让三将军改改脾气的。"

> 神态、动作、语言描写，表现诸葛亮的胸有成竹。

刘备很信任诸葛亮，就点头同意了。

张飞因在博望坡一战中不服从命令，被诸葛亮处分之后，一直赋闲，心情不好，听到诸葛亮让他去守秭归，心里很高

山庙里的故事源

兴，就乐呵呵地当即表示："遵命！"

"慢！"诸葛亮又摇了摇鹅毛扇，对张飞说道："不过，我要求你上任前必须替我办好一件事。""行，请先生吩咐！"张飞张口就答应。

诸葛亮一招手："来人。"只见一个兵士端出一升芝麻来，弄得张飞莫名其妙。

诸葛亮对张飞看也不看，很认真地对他说："这芝麻的多少，就是秭归城老百姓和兵马的人数，限你今夜数清。"

诸葛亮说到这里把头一抬，对张飞严肃地说道："明日一早你当面数给我看，要不然，秭归城你不能守，三个月内也不许你跨马杀敌！"

诸葛亮为什么要求张飞一夜间数清一升芝麻呢？聪明的小读者，你能猜出来吗？

张飞听到诸葛亮这一番交代和要求，急得直咬牙："这、这……"却又不敢争辩，只好硬着头皮把一升芝麻带回营房去了。

急归急，张飞更怕三个月不让杀敌的惩罚，那滋味更难受呢。他只好忍气吞声地关上营门，数起芝麻来。

具体描写张飞数芝麻的样子，表现他的着急与无奈。

张飞一双大手平时只会摆弄长矛，粗而硬的手指头老半天也拈（niān）不起一粒芝麻来。他急得直冒火，便把手指头伸到嘴里沾唾沫。沾上唾沫的手指头，一碰上芝麻就粘上好多粒，不但数不清，而且还掉不下来。张飞气得直嚷："诸葛亮，你害得我好苦哇！"

但没有办法，张飞只得边骂边数。好久好久，他才数出了一小酒盅（zhōng）芝麻。这时，军营已打二更鼓了。

050

一听二更鼓,张飞急得像热锅上的蚂蚁,火气直冒头顶,便气呼呼地大吼一声:

"给我拿酒来!"

"是!"张飞的兵士立即答应。这个兵士是诸葛亮为张飞精心挑选的有心人,他端来了一坛(tán)酒和一个小茶杯。

交代兵士的身份,为下文兵士提醒张飞作铺垫。

他见张飞咕噜噜喝了三杯酒之后,气消了一些,便说开了:

"三将军,不用急,心急吃不了热豆腐。慢慢地数,一定能数清。"

张飞听了兵士的话,把眼一瞪,问道:"慢慢数,要数到哪一天啊?"

"天下无难事嘛!只要用心去做,就没有做不成的。想一想,有什么法子能数得快一些?"

张飞脑子顿了一下,手里的杯子便"吧嗒"一声掉到芝麻上,一下子装了半杯芝麻。粗心的张飞此时脑子开了窍(qiào):"俺用杯子装芝麻,先把杯里的芝麻数清,再用空杯子去量一升芝麻,不就……"

动作、心理、语言描写,表现张飞从兵士的话中受到了启发,想到了数清芝麻的办法。

说罢,他就用杯子舀了平平一杯芝麻数起来。

不一会,他感到一杯芝麻也数得头昏脑涨了。突然,他眼睛一亮,看到原来的小酒盅,不由得大腿一拍:"有了,我何不用酒盅来量芝麻,先用酒盅量杯里的芝麻,再用杯子来量一升芝麻呢!"

就这样,脑子开了窍的张飞不到一个时辰,在三更之前就把一升芝麻数清啦!

第二天一清早,他便大摇大摆地在诸葛亮面前,把一升芝麻按这个法儿数了一遍。

足智多谋的诸葛亮巧借数芝麻帮张飞改正了缺点,让我们为他点赞。

诸葛亮笑道:"想不到三将军还是粗中有细、有勇有谋呢,这个数字虽然不准,但也八九不离十了!以后遇到麻烦事能多想想办法,我看将军完全可以对付的。"

后来,张飞在镇守秭归时,处处细心谨慎,很有功劳。当人们夸奖他时,张飞就想到诸葛亮让他去数芝麻的一片苦心,既高兴又从心底里对诸葛亮无比感激!

诸葛亮让张飞数芝麻的方法好在哪里?

11. 幸福鸟

从前，西藏是一个十分荒凉的地方，那里没有河流和田地，也没有树木和青草。住在那里的人一年到头都过着吃不饱、穿不暖的日子，谁也不知道幸福是什么模样。但是，人们相信世界上一定有幸福。老年人说，幸福是一只美丽的鸟，它就住在东方很远很远的雪山上。它飞到哪里，哪里就有幸福。但是，有三个老妖怪守着幸福鸟，它们吹吹胡子就能要人的命。每年都有人去寻找幸福鸟，可是结果都是有去无回。

开头交代了故事的起因。

这一年，乡亲们派了聪明、善良、勇敢的青年汪嘉去找幸福鸟。临出发之前，姑娘们向他敬青稞（kē）酒，母亲往他头上撒青稞，祝福他一路平安。

汪嘉能够找到幸福鸟吗？快去下文找找答案吧。

汪嘉上路了。他往东走了很久，远远地看见一座大雪山，山上的雪像银子一样闪闪发亮。这时候，突然出现了一个黑胡子妖怪。它用乌鸦一样的嗓音叫着："你是谁？好大的胆子！来这里干啥？"汪嘉说："我叫汪嘉，我来找幸福鸟。"老妖怪说："你要想找到幸福鸟，就要先杀死洛桑的妈妈。不然，我要处罚你，让你在乱石滩（tān）上走一千里！"汪

汪嘉面对黑胡子妖怪的无理要求断然拒绝，表现他的善良、勇敢。

嘉说："我爱我的妈妈，也决不杀死别人的妈妈。你爱怎么办就怎么办！"

老妖怪发怒了，立刻吹动它的长胡子。转眼间，平平的道路变成了乱石滩，每块石头都锋利得像刀子。汪嘉刚刚走完几十里路，靴子就磨破了。又走完几十里，脚也磨破了，流出了鲜血。好难走的路呀，但汪嘉没有后退。他想：乡亲们都在等着我带回幸福鸟，我必须向前走。后来，他的脚实在不能走了，就索性爬着向前，衣服磨破了，臂膀也磨破了。就这样，汪嘉终于走过了乱石滩。

动作、心理描写表现汪嘉的坚强勇敢、不畏艰难。

后来，汪嘉又遇到了哪些困难？他是如何克服的？

这时，又一个黄胡子妖怪出现了。它用刮大风一样的声音对汪嘉叫道："你想见到幸福鸟，得先毒死思郎那老头子。如果你不干，我就饿死你！"汪嘉说："我不干！我喜欢我的爷爷，也决不害别人的爷爷！"老妖怪吹了吹长胡子，汪嘉的干粮袋被大风刮得无影无踪。眼前是一片大沙漠，没有一点儿可吃的东西。

汪嘉勇敢地走进了沙漠。走了五天，他饿得头昏眼花。又走了五天，他的肚子饿得像刀割一样疼。汪嘉走出大沙漠的时候，已经饿得皮包骨了。

这时候，一个白胡子老妖怪挡住了汪嘉。它用打雷一样的声音说："你想见到幸福鸟，就得把白玛姑娘的眼珠送给我做礼物。你如果敢说一个'不'字，我就挖下你的眼珠。"

汪嘉说："姑娘美丽的眼睛，怎么能送给你当礼物？我才不干呢！"老妖怪气得吹起了长胡子，汪嘉的眼珠立刻跳了出来。他变成了盲人，跌（diē）跌撞撞地摸索着走完了最后的路程。当他爬到雪山顶上的时候,他已经筋疲力尽了。

忽然,汪嘉听到一个慈祥、温柔的声音:"我是幸福鸟,可爱的年轻人,你是来找我的吗?"汪嘉高兴极了,他对幸福鸟说:"我是来找你的,我们那里的人天天盼你,到我们那里去吧!"

幸福鸟答应了汪嘉的请求。它用翅膀轻轻抚摸汪嘉的眼窝,汪嘉的眼珠又长出来了,而且比以前更明亮了。幸福鸟请汪嘉吃点心。汪嘉吃完后,身上的伤都好了,而且肌肉也更结实了。然后,汪嘉骑着幸福鸟飞回到家乡的山顶上。

> 汪嘉终于找到了幸福鸟。让我们像他一样,做一个坚强勇敢、诚实善良的人。幸福就会出现在我们身边。

幸福鸟问:"你要什么呢?"汪嘉回答:"我们要温暖和幸福,要森林和鲜花,还要田地和河流。"

幸福鸟在山顶上用清脆的声音叫了起来。第一声,太阳钻出了乌云,柔和的风送来了温暖;第二声,山上山下长出了连绵不断的森林,山花开放,百鸟齐鸣;第三声,山下出现了清澈的河流和碧绿的田野。

> 结尾照应开头。

从此,这个贫穷荒凉的地方变成了人间乐园。这里的人们,世世代代过着幸福美好的生活。

汪嘉在寻找幸福鸟的过程中遇到了哪些困难?连一连。

黑胡子老妖怪　　　　眼睛看不见了
黄胡子老妖怪　　　　乱石滩
白胡子老妖怪　　　　大沙漠

12. 七兄弟

> 老汉的七个儿子的名字表现出他们各自的特点。

古时候，在一座高高的山下面，有一片汪洋大海，大海旁边有一个村庄。村庄里有一个老汉，他有七个儿子。这七个儿子不仅长得高大强壮，名字也很特别。老大叫大壮实，老二叫二刮风，老三叫三铁汉，老四叫不怕热，老五叫五高腿，老六叫六大脚，老七叫七大口。

有一天，老汉对七个儿子说道："咱们庄西是高山，咱们庄东是大海，出门太不方便了，你们把它们搬远一点吧。"

七个儿子答应着出去了。过了一会儿，老汉走出去一看，海也望不到了，山也不见影啦，四周尽是一马平川的土地。

老汉又对七个儿子说道："这样的好土地，哪能叫它闲着？你们在这上面种上些五谷杂粮吧。"

七个儿子答应着，就动手耕种去了。

> 写出丰收的景象，为下文招来灾祸埋下伏笔。

过了些日子，那一马平川的土地上，长满了一眼望不到边的庄稼，快熟的麦穗沉甸（diàn）甸，齐腰高的谷子金闪闪。老汉和七个儿子都很欢喜。

可是，谁知道好事引了灾祸来。京城里的皇帝也知道了这个好地方，就派大臣拿着圣旨来催皇粮。

老汉不觉叹了一口气，对儿子说道："孩子，咱们没法再过好日子了，皇帝的贪心是个填不满的枯井呀！要是服从了他，那就要给他当一辈子牛马。"

七兄弟听了老汉的话，自然都很生气，一齐说道："爹，不用怕，我们弟兄七个进京去和皇帝讲理。"

七兄弟还没走到京城，把门的大将军老远就望到他们了，吓得连忙关紧城门，上了铁杠，锁上一把大锁，爬到城门楼上躲了起来。

把门的大将军为什么会如此害怕七兄弟呢？

七兄弟到了城门跟前，老大大壮实喊道："开门呀，我们弟兄七个是进京来跟皇帝讲理的。"

大将军躲在城门楼里，仰着脸哆哆嗦（suō）嗦地说道："庄户人怎么能跟皇帝讲理！"

大壮实一听火了，伸手一推，只听哗啦啦的一声，城门和城楼一齐被推倒了，尘土飞扬，砖石乱滚，大将军也被砸死了。

大壮实的力气真大啊！

七兄弟又往里走，到了午朝门外，午朝门关得严丝合缝的。老二二刮风说："大哥，你先歇歇，我去叫门。"他提起嗓子大声地喊道：

"开门呀，我们弟兄七个要进去跟皇帝讲理！"

二刮风叫了好几声也没人答应，不觉一阵生气，一口气喷出来，真好似刮起大风，午朝门和门两旁那盘龙的石柱连摇晃也没摇晃，一下子就被吹倒了。

满朝的文官武将都吓慌了，谁也不敢上前阻挡。弟兄七个到了金銮（luán）殿前，老三三铁汉说道："二哥，你先歇一会，我去跟皇帝讲理！"

> 神态、语言描写表现皇帝的色厉内荏、蛮不讲理。

三铁汉向前一走,皇帝早吓得脸色灰白,慌忙叫道:"庄户人怎能和我理论。快些推出去斩首!"

三铁汉听了,笑了一声说:"先给你个胳膊试试看!"

他把胳膊朝一个武将伸去,正碰在他那把明晃晃的刀刃上,只听"砰"的一声,火星乱冒,刀就四分五裂地碎了。

皇帝吓得从龙座上滚了下来。好几个大臣好不容易才把他架回了后宫。

皇帝见杀不了七兄弟,就连声吩咐点火去烧。

一霎(shà)时的工夫,许多火球冒着浓烟,滚到了七兄弟的眼前。老四不怕热说道:"你们先到后面歇一歇,这次由我来招架。"他一脚踏着一个火球,冷笑了一声说道:"我还冷,这点火太小了。"

> 对老四来说,这点火太小了,表现出他不怕热的特点。

皇帝又吩咐千万兵将,一齐去把七兄弟推到海里淹死。

五长腿听了,说道:"不用费那些事啦,我正想着洗个澡呢。"他只几步就迈进了大海。蓝光光的海水,只没到了他的膝盖。他摇摇头说道:"这太浅了,没法洗澡啦,但既然已经下来,还是摸点鱼吃吧。"

> 海水只没到了五长腿的膝盖,表明他的腿很长。

他弯下腰去,两只手就不停地往海岸上扔鱼,黑鱼、白鱼,一丈长的、十丈长的、一百丈长的大鱼也叫他弄上来了,眼看着岸上的鱼就堆得像小山一样了。

12. 七兄弟

兄弟们一等也不见老五回来，二等也不见老五回来，老六六大脚说道："我去把他叫回来。"他一脚就踏到了大海边，冲着五长腿说道："五哥，正事还没说完，你怎么摸起鱼来了？"

六大脚话还没说完，七大口赶来了，不耐烦地说："皇帝怎么可能讲理！讲理他就不是皇帝了。"

他连和兄弟们商议也没商议，就一口把大海里的水喝干了。他回过头来，又一张嘴，海水从他口里一股劲地喷了出来。海水向皇宫冲去，冲倒了层层高墙，把皇帝和文官武将都淹死了。

> 恶有恶报，蛮横昏庸的皇帝得到了应有的下场。

乐行乐思

七兄弟的本领令人赞叹！你最喜欢其中哪一位？请写出喜欢的理由。

山庙里的故事源

13. 找太阳

很多年以前，在一个白云环绕、溪流淙(cóng)淙的美丽的山村里，住着一位老猎人和他的孙子多吉。爷孙俩相依为命，成年累月地在山林里打猎，猎获了数不清的獐(zhāng)、鹿、虎、熊。可是，这些东西大半都被老爷要去了。到头来，爷孙俩还是过着吃不饱穿不暖的苦日子。

小多吉是个勇敢的孩子。他年纪虽小，却很懂事。

> 交代小多吉是个勇敢、懂事的孩子，为后面做铺垫。

这一年，老人得了重病。临终前，他睁开双眼，用尽最后一点力气，嘱咐小孙子说："好孩子，爷爷就要丢下你去了！你不要再像爷爷这样，劳累一辈子，还是挨饿受冻！"歇了一会儿，老猎人又说："我小的时候，听老一辈人说，世上有一个金色的太阳，凡是它光芒照耀过的地方，就没有穷困，没有悲伤，永远幸福安康。但是，只有勇敢的人，才能找到它。好孩子，我死以后，你去寻找这个幸福的太阳吧，让它给穷人们带来好时光！"

> 老人让小多吉去寻找能给穷人带来幸福安康的太阳。小多吉能完成爷爷的遗愿吗？继续往下读吧。

老猎人说完，就闭上了眼睛。小多吉拉着爷爷的手，哭得很伤心。

第二天，小多吉在乡亲们的帮助下葬了爷爷。然后，他带上仅有的一点糌（zān）粑（bā）和干肉，辞别了乡亲，头也不回地找金色的太阳去了。

爬过了数不尽的大山，蹚（tāng）过了记不清的河流，不分白天夜晚，多吉不停地奔走着，寻找金色的太阳。

> 多吉不怕吃苦，寻找金色的太阳。

一天，他爬上一座陡（dǒu）峭（qiào）的高山，看见山下碧绿的草原上，牛羊成群，帐篷连成了片。在草原中央，有一顶金黄色的大帐篷，闪闪发光。多吉赶忙跑下山去，走近帐篷。只见帐篷外面站着一个穿着阔气的老爷，正在得意地看着他的牛羊。多吉脱下帽子，恭恭敬敬地问道："尊贵的老爷，请您告诉我，什么地方有金色的太阳？我要把它带到家乡去，使家乡的人们在它的光芒照耀下，得到幸福和安康。"

> 细致描写草原上的景象，表现这里的生活富足。

老爷听完多吉的话，放声大笑道："愚（yú）蠢（chǔn）的孩子，我的帐篷放射着金光，就像金色的太阳；天上有多少星星，地上就有我多少牛羊。只要你愿意给我干活，就会得到幸福和安康。"多吉相信了老爷的话，答应留下给他放牧牛羊。

日子像山涧流水一样快地过去了。多吉起早贪黑地放牧，生活却仍和过去一样，得不到温饱。渐渐地，他明白了，这里不是他要来的地方，这里也没有爷爷所说的那个金色的太阳。于是，他一跺（duò）脚，离开了老爷的帐篷。

> 多吉为老爷放牧，得到幸福和安康了吗？

走啊，走啊，多吉的鞋底磨穿了，衣服撕破了，但他还是一步步地向前走着。

突然，远处出现了一望无边的青稞地，麦穗像波浪一样闪着金光。麦地中央，高耸着一座金碧辉煌（huáng）的楼房。多吉觉得精神一振，身上一下子有了劲，急忙跑到楼房前面。只见楼上站着一位肥胖的老爷，正在得意地看着他的麦田。多吉脱下帽子，恭恭敬敬地问道："尊贵的老爷，请您告诉我，什么地方有金色的太阳？我要把它带到家乡去，使家乡的人们在它的光芒照耀下，得到幸福和安康。"

老爷听完多吉的话，放声大笑道："愚蠢的孩子，我遍地的青稞放射着金光，身上的珠宝就像金色的太阳。只要你愿意在这里给我种地干活，就会得到幸福和安康。"

> 这位老爷的话可信吗？

多吉听了老爷的话，半信半疑，想了一想，还是答应留下来给老爷种地。

冬去春来，不觉又是一年。多吉每天在地里辛勤地劳动，日子过得还是和过去一样苦！多吉想：这里绝不能找到金色的太阳。于是，他又离开了老爷家，找太阳去了。

> 善良纯朴的多吉又一次上了老爷的当。

寻遍一座高山又一座高山，踏遍一个草原又一个草原，多吉忍受着饥饿和疲劳，一心寻找金色的太阳。

风霜在多吉的脸上刻下了皱纹，岁月染白了多吉的须发。多少个年头过去了，他仍不灰心，四处奔走，寻找那金色的太阳。他还把爷爷的话告诉四方的穷朋友们，让大家都去找太阳。历尽千辛万苦，虽然他当时没有找到要找的东西，但他相信，总有一天，世界上一定会有一个能给穷人带来光明与幸福的太阳。

> 多吉坚持不懈，执着追求，永不言弃的精神值得我们学习。

反复手法是民间故事的一大特点，找找这个故事里哪些情节具有反复的特点。

山庙里的故事源

14. 刘墉智斗贪官

一天傍晚,乾(qián)隆皇帝在大臣们的陪同下,来到午门散步。他低头一看,只见午门到正阳门那段御(yù)道,由于年久失修,不少地方已变得坑坑洼洼,觉得有失皇家体面,非整修一下不可。于是,他便令和珅(shēn)承办此事,让他马上造出预算,限两个月之内竣(jùn)工。

和珅受皇上宠信,一贯贪婪(lán)成性,是个雁过拔毛的角色。他奉旨之后非常高兴,觉得又得了个发财的良机。

> 乾隆皇帝对和珅高度信任,有求必应。

三天后早朝时,和珅就带本奏道:"皇上,这段御道确实有碍(ài)观瞻(zhān),必须全部换新。由于所需石料要从数百里外的房山采办,石匠要精雕细刻,故而工程浩大,即使从紧开支,至少也需白银十万两。"乾隆皇帝二话没说,立即照准。

> 和珅为什么要弄出这么大的阵势?

此后,御道旁立即搭起不少工棚,并将御道两旁用草苫(shān)遮住,数百名匠人叮叮当当地日夜干了起来。结果,不足一月,御道就提前竣工了。

乾隆皇帝在和珅陪同下一看,果然御道平坦,焕(huàn)然一新,不由龙心大喜,连声赞好。

次日早朝时,乾隆皇帝就当众宣旨:"和爱卿这次主修御道,夜以继日,既快又好,提前一个月完工,劳苦功高,朕赏你白银一万两，再升官一等。"

和珅得意扬扬，名利双收，连忙谢恩。

谁知过了没几天，此事的底细被刘墉无意中发现了。原来和珅根本没有去房山采办石料，只是将原来的石块撬（qiào）起来，令石匠在反面雕刻了一下，把下面的路基平整后，一铺上石块便跟新的一样。因此，工期缩短，成本又省，总共只花了一万两银子。

刘墉决心将它揭露出来，让和珅当众出丑。

第二天上早朝时，刘墉等大家进入太和殿后，便飞快地将身上的朝服脱下，反过来套上，然后悄悄地跟了进去。

乾隆皇帝端坐在九龙椅上，居高临下，低头一看，忽见群臣后面站着个衣着与众不同的人，觉得奇怪，再仔细一看，却是大学士刘墉。乾隆皇帝心想：他向来十分注意仪表，办事小心谨慎，今天怎么昏头昏脑地将朝服穿反了，这是怎么一回事？

这一细节很快被向来看着皇上眼色行事的和珅发现了。因当时规定，上朝时如果朝服不正，是要判罪的。他心想：刘罗锅，这下有你好果子吃了。便故意幸灾乐祸地说："刘大人，你今天怎么啦？"和珅这么一说，群臣见了都为刘墉捏了一把冷汗。

奇怪的是，那刘墉却低着头置若罔（wǎng）闻。

要是换个大臣，乾隆皇帝早就发火降罪了，但考虑到刘墉一向忠心耿（gěng）耿，便改用责备的语气问："刘爱卿，你怎么将朝服穿反了，赶快出去穿好了再来见朕。"刘墉这才装着

> 乾隆皇帝对和珅的办事能力十分满意，大加奖赏。

> 刘墉将朝服反过来穿，吸引了乾隆皇帝的注意。

> 心理、语言描写，表现和珅想借机治刘墉的罪。

山庙里的故事源

> 聪明机智的刘墉巧借反穿朝服，揭发和珅侵吞巨额公款的罪行。

恍然大悟的样子出去，穿好了朝服又进来，跪地奏道："启奏皇上，微臣今日将朝服穿反了，确实不该，请皇上恕罪。不过，朝服穿反显而易见，可如今有人将御道仅仅翻了个面，再略加修饰，就侵吞公款，大肆（sì）渔利，该当何罪？"

刘墉话音一落，刚才还趾（zhǐ）高气扬的和珅，顿时像矮了一截，脸色大变。

"什么？你说这御道是翻个面铺的？"乾隆皇帝一听，连忙追问："刘爱卿，这到底是怎么一回事？快细细奏来。"

刘墉大步向前，伏地奏道："万岁，此事微臣偶然听说，并已去现场查看。不过，还是请皇上先问问和大人为妙。"

乾隆皇帝暗吃一惊，便问和珅："你还不实说？"

和珅见东窗事发，再也无法隐瞒，忙跪倒在地，说："微臣该死，确实未去房山采石，只是将原有的石块翻转过来雕刻了一下，重新铺上。"

乾隆皇帝顿时勃然大怒："你好大的胆，那么你总共花了多少银子？"

"一万两。"

"那其余的九万两呢？"

"这——"和珅光是拼命叩（kòu）头，再也答不出话来。

刘墉奏道："皇上，这还用问，其余的早落入了和大人的腰包。嘿，想不到这么一项小工程，和大人竟能变出大戏法。望皇上明断。"

> 刘墉明知乾隆皇帝宠信和珅，仍仗义执言，体现他的正直勇敢。

直到这时，群臣才明白刘墉反穿朝服的用意。乾隆皇帝早已龙颜震怒，可一想自己凡事离不开和珅，故而板子只能高高举起，又轻轻落下:"大胆和珅,竟敢欺君犯上。朕命你速将贪污和赏赐给你的银两退回国库,并降职一级。而这段御道须按你原来方案重新建造,所需银两则罚你出。下不为例,否则严惩不贷。"

和珅只得自认倒霉,表示认罚,并连连谢罪。纪晓岚奏道:"皇上,刘大人参奏有功,理该有赏。"

和珅不但要交还银两,还得自己出钱修御道,真是赔了夫人又折兵啊!

乾隆皇帝朝刘墉笑道:"好,朕就赏刘爱卿朝服三件。不过,下次你不要将它再穿反了。"

刘墉急忙跪谢道:"谢主隆恩。如今御道之案已正,微臣怎么会再将朝服反穿!"

乐行乐思

刘墉将朝服反穿的用意巧妙在哪里?

15. 包公巧审青石板

在宋朝的时候，有一户穷苦人家，只有母子二人相依为命，过着艰难困苦的日子。谁知母亲又生了大病，儿子非常着急，希望能把母亲的病治好。但是，家里连饭都吃不上，哪里有钱治病！

有一个好心人给小孩儿找到一个卖油条的事儿。第二天，小孩儿便提着篮子，沿着大街小巷叫卖：

"卖油条嘞（lei）！又脆又香的热油条卖喽（lou）！"

因为大家都知道这孩子家里有个生病的母亲，就都来买他的油条。一个半天，虽然嗓子喊哑了，腿也跑酸了，但油条也卖光了。

小孩儿好高兴，便找到一块大石头，坐在上面数起钱来。那油乎乎的小手，把一枚枚铜钱翻来覆（fù）去地数了两遍：一共一百个铜钱。

> 在大家的帮助下，小男孩卖光了油条，动作、心理描写表现他高兴的心情。

他盘算着，今天用赚下的钱，先给母亲买药治病；明天赚下的钱，就给母亲买点心；后天赚下的钱，再给母亲买点儿肉；再后天……他越想越高兴。

跑了一个上午，小孩儿累坏了，他不知不觉地把头一歪，便在大石头上睡着了。

一阵凉风吹过，卖油条的小孩儿醒了。他睁眼一看，一百个铜钱连一个子儿都没剩，全不见了。他急得没命地哭叫起来。

这时，包公刚好骑马经过。他看见一个小孩儿在哭，便关心地问：

"孩子，你为什么哭？有什么委屈吗？"

> 好不容易赚到的钱不翼而飞了，到底是怎么回事呢？

小孩儿抬头一看，见是一个黑脸大官在和自己说话，便想起母亲说过，有一个专替老百姓申冤（yuān）的包公，是个大黑脸，便"扑通"一声跪在包公面前，哭得更伤心了。

"包大人，我卖油条的一百个铜钱放在篮子里全不见了，呜呜呜……"

包公问清了来龙去脉（mài），得知小孩儿正急等着这钱为母亲治病的情况，便安慰这孩子："你只管放心，我一定把小偷抓到！"

> 小孩儿告知包公自己伤心的原因，包公会如何帮他抓到小偷呢？

包公下得马来，在青石板周围转了一圈，然后，又站在竹篮旁边沉思，再看看孩子的手，说道："有了。"

突然，包公指着青石板大声喝问："青石板，青石板，小孩儿的一百个铜钱是不是你偷的？从实招来！"

小孩儿觉得莫名其妙：青石板没手，怎么偷呢？

很多人也围过来，看看包公怎样审青石板。

> 一块青石板怎么会开口说话呢？

停了片刻，包公抬高了声调："你这个青石板，必须快快交代你干的坏事，哼，你休想逃过我的眼睛。"

青石板当然还在原地，毫无动静。

山庙里的故事源

包公一脚踏在青石板上,又厉声说道:"你这大胆的青石板,再不如实招来,我就要动刑(xíng)了!"包公这么一说,他手下的人有的已经把棍子举起,有的把绳子抓在手中,好像准备要把青石板捆起来,狠狠地打它一顿。

包公审问青石板引来众人的嘲笑。

"哈哈哈!"看热闹的人觉得十分可笑。

"青石板怎么能说话?这真是在开玩笑!"

"都说包公英明,我看他是一时糊涂了!"

"是谁在信口胡说?"包公大喝一声,立即转过身来大声斥(chì)责道:"我在审问石头,与你们何干?这里是审判的公堂,理应肃静,你们在此信口胡言,扰乱公堂。现在,所有在场的人都得受罚!来人!"

"在!"包公手下人齐声回应。

"在场每人各痛打四十大板!"大家看到包公发威,都吓得不知如何是好,纷纷下跪求饶。

"如若怕受皮肉之苦,每人罚交铜钱一枚。"

包公先罚众人各打四十大板,后改罚交铜钱一枚。他这样做的真正用意你明白了吗?

包公说罢便命左右端来一盆清水,放在石头前面;下令所有的人排队,依次向盆中投钱。

"啪,啪,啪",一枚枚铜钱投入水中,溅起一个个小水花。数十人将铜钱投入水中,包公无言;直到有一人,钱刚入水,包公便大喝一声:

"此人就是偷钱贼,给我拿下!"

这人"扑通"跪下,连连向包公磕(kē)起头来:"请包大人饶命！小民下次不敢，下次不敢了。"

说着，连忙从身上再掏出九十九个铜钱放到青石板上。

卖油条的小孩儿看到小偷被抓到，十分开心；围观的人却都大眼瞪小眼，不知是什么道理。

包公看着众人惊疑的眼神，便笑着说道："各位父老，你们看。这水面上漂了一层油花，是此人投下铜钱时才出现的。沾油的钱正是卖油条小孩儿的铜钱哪！"

听包公这么一说，大家都恍（huǎng）然大悟——原来如此！再看青石板上的那些铜钱，还真的一枚枚都油乎乎的呢！

小孩儿对包公感激不尽，再三跪谢。围观的百姓也都更加敬佩包公办案的神妙和机智了。

> 包公判案的过程看似随意，实则一环套一环，最终抓住了小偷，表现他的神妙和机智。

包公为什么大张旗鼓地审问青石板呢？

山庙里的故事源

16. 海瑞断案

传说，有一个白牛荡，在荡的不远处有一座白马寺，寺中的白马神和荡里的白牛神相交甚好，结下了不解之缘。白牛神知道白马神的来历，非常同情白马神的不幸遭遇。

原来，白马神是上界的天马，传说弼(bì)马温孙行者打开了马厩(jiù)后，一时天马行空，奔腾不息。这匹白马奔离了马群，很久才停住了奔跑。白马边走边看，这一看使白马动了凡心，云端下，凡间那青山碧水，桃红柳绿，美景胜过寂寞天庭，白马便想到人间来了。

交代白马神的来历。

正在这时，玉帝派风神传御旨，要所有天马速回马厩，独独这匹白马没回去。玉帝震怒，命天马鞭挞(tà)白马，赶落凡尘。

白马跌落在白牛荡边，白牛神劝慰白马，并让白马暂时栖息在附近的一个小寺内。一天，吕洞宾路过小寺，对着白马唱了个偈(jié)："若遇青天来，尔便脱尘海。"白马神把这偈告诉白牛神，一马一牛悟出了真谛。白牛神也劝白马神行善积德，及早返回天界做仙马。从此，白马经常在夜里帮穷苦百姓拉犁耕田，天明就回到小寺，每天累得大汗淋漓。

白马帮穷苦的老百姓干活，体现它的勤劳、善良。

16. 海瑞断案

一次，雨过天晴，有人顺着马蹄印寻到小寺，发现木胎泥塑的白马浑身湿漉（lù）漉的，十分惊奇。从此，白马栖息的小寺香火不断。

一年又一年，白马栖居的小寺便被人们叫作白马寺。这一年，白马帮李老实一家拉犁耕田，却带来了灾祸。那一夜，李老实知道白马神暗中相助，便给白马留下了好吃的马料，白马没有吃。在回寺的路上，白马饿急了，吃了田里的麦苗。第二天，李老实发现白马吃了刁员外家的麦苗，心中暗暗叫苦。刁员外果然状告李老实偷割他家的麦苗，对簿公堂。李老实被判死刑，打入死牢，只等秋后问斩。

白马误吃了刁员外家的麦苗，给李老实带来了灭顶之灾。

谁知"青苗案"激起民怨，朝廷命海瑞审理此案。海瑞微服私访，来到松江府。听到白马寺的传说，他不信泥塑的马会吃麦苗，可一时又没有线索。海大人寝食不安，思索良久，想出了主意。

海大人想出了什么主意呢？

白马知道自己闯下了大祸，等到了第二年春天，便卖力地给李老实家拉犁耕田，临走时又报复地吃掉了刁员外家一大片麦苗。守在暗处的海瑞和公差见了立刻跟着。田岸路滑，海瑞索性脱了鞋袜追到白马寺。这时白马刚到，身上热汗直淌。海瑞见了，心痛地轻抚马背，叹道："白马啊白马，你尚知良莠（yǒu），明辨忠奸。下官虽有青天之称，怎比得上你明察秋毫啊！"

于是，海瑞当堂审理"青苗案"，将诬（wū）告的刁员外革除功名，发配充军。

李老实忠厚可嘉，拨赠库银五十两。海青天扶起跪在地上的李老实，亲自送出寺门，又拿出自己俸（fèng）银二十两给白马金塑全身。"青苗案"真相大白，白马见了海青天，引颈长嘶，乘风归去。

李老实昭（zhāo）雪后，从此就不见白马显灵，据说升天去了天界。

现在虽然已经找不到白马寺的真实地点，但白马助耕和海瑞智断"青苗案"的故事却流传了下来。

讲故事时，可以为故事增加合理的情况。请想象一下：白马在夜里是如何帮老百姓拉犁耕田的？

17. 东坡肉

苏东坡是北宋时期的文坛领袖，更是一位励精图治的好官。

苏东坡在杭州做刺史的时候，精心治理了西湖，替老百姓做了一件好事。

西湖治理后，四周的田地就不怕涝（lào）也不愁旱了。这一年又风调雨顺，杭州四乡的庄稼喜获丰收。老百姓为了感谢苏东坡治理西湖，到过年的时候，就抬猪担酒地去给他拜年。

> 苏东坡真是为民造福的好官哪！

苏东坡收下很多猪肉，叫人把它们切成方块，烧得红红的，然后再按治理西湖的民工花名册，每家一块，将肉分送给他们过年。

太平的年头，家家户户过得好快乐，这时候又见苏东坡差人送肉来，大家更高兴。老的笑，小的跳，人人都夸苏东坡是个贤明的父母官，把他送来的猪肉叫作"东坡肉"。

那时，杭州有家大菜馆，菜馆老板听说"东坡肉"很有名，于是就和厨师商量，把猪肉切成方块，烧得红酥（sū）酥的，挂出牌子，取名为"东坡肉"。

> 读到这儿，你知道了"东坡肉"名字的由来了吗？

这道新菜一出，那家菜馆的生意一下子便红火起来了，从早到晚顾客不断，每天杀十头大猪还不够卖呢。别的菜馆老板看得眼红,也学着做起来,一时间,不论大小菜馆,家家都有"东坡肉"。后来,经过同行公认,就把"东坡肉"定为杭州的第一道名菜。

> 这帮奸臣会用什么法子来陷害苏东坡呢?

苏东坡为人正直,不畏权势,朝廷中的那帮奸臣本来就很恨他,这时见他又得到老百姓的爱戴,心里更不舒服。他们当中有一个御史乔装打扮,到杭州来找岔(chà)子,存心要陷害苏东坡。

那御史到杭州的头一天,在一家饭馆里吃午饭。堂倌(guān)递上菜单,请他点菜。他接到菜单一看,第一样就是"东坡肉"!他皱起眉头,想了想,忽然高兴地拍着桌子大叫:"我就要这第一道菜!"

他吃过"东坡肉",觉得味道还真是不错,向堂倌一打听,知道"东坡肉"是同行公认的第一道名菜。于是,他就把杭州所有菜馆的菜单都收集起来,兴冲冲地回京去了。

> 御史颠倒黑白诬陷苏东坡。

御史回到京城,马上就去见皇帝。他说:"皇上呀,苏东坡在杭州做刺史,贪赃(zāng)枉法,把恶事都做绝啦,老百姓恨不得要吃他的肉!"

皇帝说:"你是怎么知道的,可有什么证据吗?"

御史就把那一大沓(dá)油腻的菜单呈了上去。皇帝本来就是个糊涂虫,他一看菜单,就不分青红皂白,立刻传下圣旨,将苏东坡撤职,发配到荒凉的海南岛去充军。

> 苏东坡就这样被奸臣所害,但他的优良品质永远留在百姓的心中。

苏东坡被解职充军后,杭州的老百姓忘不了他的好,仍然像过去一样感激与怀念

他。就这样,"东坡肉"也一代一代地传下来,直到今天,还是杭州的一道招牌名菜,并且一直有"不吃东坡肉,枉自到杭州"的说法。

原来"东坡肉"还有这样的来历呀!你还知道哪些名菜的来历?试着写一写。

18. 元宵节挂红灯笼的传说

元宵节是我国的传统节日之一，这一天家家户户都会挂上大红灯笼。这一习俗是怎么来的呢？读一读这个故事，去寻找答案吧！

唐朝末年，黄巢率领农民起义军北上，攻打郓（yùn）城。没想到围城三天始终攻不下来。黄巢气坏了，指着城楼大骂，扬言攻破城池，定杀个鸡犬不留。

这时，已经快过年了，下了一场大雪，天气很冷，士兵大多还没有换上冬服。黄巢知道硬攻要受损失，只好先把队伍拉到山里，等过了年再打。

新年很快过去了，家家都在推米磨面，做汤圆，欢庆上元佳节。黄巢想："兵书说'知己知彼，百战不殆（dài）'。我何不乘人们过节的时候，进城摸摸敌军的虚实，再定攻城之策。"想到这里，他马上召集众家兄弟商量了一下，把义军交给副统帅，自己挑上汤圆担子出了大营，直向郓城走去。

黄巢假扮成卖汤圆的进城探听情况，他会遇到什么危险吗？

黄巢进了城门，一直奔西街。走不多远，见十字街前有一伙人正指指画画地看什么。刚好，这时对面来了个卖醋的老人，穿一身破棉袄棉裤，手里不住地敲着梆（bāng）子。黄巢上前施礼说："请问老人家，前面出了什么事？"老人打量了一下黄巢，左右望望，把他拉到路边，低声说："前些天黄巢带兵攻城不下，到山里去了，过几天还要来的。官家贴出告示，要百姓出人出粮，唉！要打大仗了。"

两个人正说话，忽听一阵马蹄声。黄巢抬头一看，见一队人马飞驰而来，当兵的边跑边嚷道："众家百姓听着，黄巢进城了，现已四门紧闭，跑不了啦。有发现卖汤圆的马上报告，知情不报者诛（zhū）灭九族！"

黄巢知道军中出了叛徒，走漏了消息，便扔下担子往东跑，急急忙忙地钻进一个巷子里，进了一家院子，隐在门后。等马队过去，这才出来往北跑。没跑多远，又听见马蹄声，知道马队又回来了，他一转身，钻进了一个小院。

预测一下：黄巢能够逃过此劫吗？

黄巢插上门闩正要进屋，见一个老人从屋里走出来，正是十字街头跟自己说话的那个老人。黄巢急忙走过去说："老人家行行好，把我藏起来吧。"老人见了黄巢先是一愣，接着点点头答应了。

这时，街上传来一阵急促的马蹄声，接着有人敲门。老头着急了，话都顾不得说，急忙把黄巢领到后院，来到醋缸跟前，掀开缸盖让他钻进去，说："客官，先委屈一下吧！"老人忙拿把扫帚（zhǒu）装作要扫地。大门撞开了，十几个官兵闯进来，把老头围住。官兵头目问："大白天，为啥插门？"老人说："我怕小偷进来偷东西。"头目追问："有个大汉，你把他藏在哪？"老人说："我家大门插着，没人进来！"一头目骂道："胡说！他明明钻到这儿来了。你不想活了！"老人说："官爷，你不信，就请搜吧。"头目

老人急中生智，将黄巢藏在醋缸之中，躲过了官兵的搜捕。

下令去搜查,十几个官兵马上进屋,翻箱倒柜,乒乒乓乓一阵乱响,东西砸破了不少,醋缸也打破了两口,醋流满了院子,幸亏他们没接着翻。

官兵走了,黄巢从缸里爬出来,见满院子都是碎缸片,老人惋惜地在缸前落泪。他忙走过去安慰说:"老人家不要哭了,过两天我赔你几口就是了。"

老人站起来说:"客官,你快走吧,他们到前边去了,找不到人还会回来的。"

黄巢问:"老人家,现在天还不黑,到处都是官兵,我从哪里出城呢?"

老人说:"你出了这条巷子,钻进对面院子,从后面出去便是天齐庙,你先在庙里藏着,天黑后,顺着城墙往南走,走出两里多地,有个豁(huò)口。你从那儿出去吧。"黄巢见老人厚道诚实,便进一步打听说:"老人家,这座城有何妙处,黄巢十万大军攻了三天竟攻不破?"老人说:"客官有所不知,这城建在始皇时期,城墙又高又厚,又有滚木,两厢藏有弓箭手。"黄巢问:"那就没办法了吗?"

老人指点黄巢出城和攻城的办法。

老人说:"要攻城,不能从城门进攻,得从天齐庙的豁口进。"黄巢听了很高兴,转身要走,又回过身来问:"老人家,你知道我是谁吗?"老人犹豫了一下,说:"你是黄大将军。"黄巢说:"唐兵骂我杀人如麻,吃人不吐骨头,你不怕我吗?"老人说:"那是官家说的,官家能有好话吗?我们穷人正盼着你来呢。"黄巢听了很感动,想不到老百姓对自己这么敬重,就说:"老人家,你家有红纸

老人道出了他帮助黄巢的原因,黄巢会怎样报答老人呢?

吗?"老人说:"现成的没有,店铺里能买到的。"黄巢说:"你买几张红纸,扎个灯笼,正月十五挂在房檐上。"

黄巢走后,老人把消息传给邻居,一传十,十传百。不久,全城穷苦百姓都知道了,家家买红纸,扎灯笼。

黄巢回去后,马上召集将士商量攻城计划。到了正月十五晚上,黄巢带着五千精兵,摸过护城河,按老人所指的路悄悄入城。一声号炮,内外夹攻,城门告破,起义军进城了。

这时,穷人家门口都挂起了红灯笼,全城灯火通明。凡是挂红灯笼的门户,起义军一律不入;不挂红灯笼的,起义军冲进去抓赃官老财。只一宿,把贪官污吏、土豪劣绅(shēn)全杀光了。第二天,黄巢开仓分粮,还派人给那位老人送了二百两银子。

元宵节挂红灯笼的习俗,因此而来。

自那以后,每到正月十五,家家户户都挂起红灯笼,这个习俗便流传了下来。

元宵节作为中国的传统节日,还有哪些习俗?

19. 日月潭的传说

中国的台湾，有两处最美的风景，一处是阿里山，另一处是日月潭。

日月潭最早叫水社湖。相传两百多年前，在阿里山中被阿巴里射伤的一对恶龙向北逃窜，来到水社村上空时，看到下面有一潭清澈的碧水，就像抓住了救命的稻草，双双扎进湖中养起伤来。于是，人们又把水社湖叫作龙湖。

> 两条恶龙把太阳和月亮抓进了湖中，人们的生活受到了很大的影响。

一天傍晚，太阳正从湖边经过。龙公一见红彤（tóng）彤的太阳像个大绣球，伸出爪子就把太阳抓进了湖中。过了几个时辰，月亮又从湖边经过，龙母也伸出爪子把月亮抓进了湖中。从此，天地漆黑一团，再也分不清白天和黑夜。猎户们打不到猎物了，农夫们种不了庄稼了，渔民们捕不到鱼虾了。阿巴里听说恶龙又在作恶，发誓一定要征服它们。他在妈祖婆的指点下，点燃火把，背上弯铁弓，插上金头箭，向水社村出发了。

> 阿巴里被溪水挡住了去路，是谁帮助了他？

不知走了多少天，阿巴里来到了一条清水溪边，又宽又深的溪水挡住了他的去路。正当他望着茫茫的溪水发愁的时候，突然对面出现一团明亮的火光，火光处划来一只小渔舟，一个俏丽的姑娘站在船头正向他点头微笑。姑娘叫水社妹，是奉妈祖婆的命令来接他的。于是,阿巴里跳上小船过了小溪。

当他俩来到龙湖时,眼前突然出现了两个亮晶晶的东西,在湖水中忽上忽下地滚动着,这正是太阳和月亮,被两条恶龙含在嘴里一吞一吐地玩弄着。阿巴里从背上摘下弯铁弓,搭上金头箭,向着北边的水面上瞄了一会儿,又向南边的水面上瞄了一会儿,却不敢放箭。水社姑娘早已猜到了阿巴里的心思,知道他是怕射中恶龙以后,恶龙一疼会把太阳和月亮咬坏了。于是她急忙从怀中掏出两个亲手绣的绣球,一个扔向潭南,一个扔向潭北。两条恶龙一见那五颜六色的彩球,赶忙吐出了太阳和月亮,紧紧咬住了彩球不放。说时迟那时快,水社姑娘对着两条恶龙的眼睛,撒出了两把绣花针。恶龙被绣花针刺疼了眼,在水中直打滚。此时,阿巴里拉开弓弦,两支金头箭一前一后直向两条恶龙的头上射去。两条恶龙大吼一声,驾着云雾逃到附近的一条清水溪里。这条台湾最长的清水溪,经过恶龙的翻腾,便成了浊水溪。

> 阿巴里为什么不敢放箭呢?带着你的疑问,继续往下读吧!

> 聪明勇敢的水社姑娘和阿巴里终于制伏了恶龙。

阿巴里和水社姑娘连忙跑到潭边,捧起红彤彤的太阳和亮晶晶的月亮,使劲往天上抛。可是,抛来抛去,太阳和月亮总是往下掉。正在这时,妈祖婆驾着祥云飞来,告诉他俩玉山顶上有两棵棕榈(lú)树,能把太阳、月亮顶上去。阿巴里和水社妹又历尽千辛万苦,从玉山顶上搬来了两棵棕榈树,终于在阴历八月十五那一天,把太阳和月亮顶上了天。阿巴里和水社妹为

> 阿巴里和水社姑娘把太阳和月亮顶上天后,化为两座山,守卫在潭的两旁。

了防备恶龙再回潭里兴妖作祟（suì），就双双手抱大棕榈树，守候在潭两旁。天长日久，阿巴里和水社妹变成了两座大山。阿巴里变的山又高又尖，直刺云天，人们称之为大尖山。水社妹变的山弯腰俯首，深情地凝视着碧潭，人们称之为水社山。

后来，人们发现龙湖北半边形状像日轮，南半边形状似上弦的新月，于是，就把龙湖改名为日月潭。

  阿巴里和水社姑娘与恶龙大战的情节精彩刺激，你能讲给小伙伴听听吗？

20. 八仙过海

有这样一个神话传说，华夏神州有八位得道仙人：铁拐李、汉钟离、吕洞宾、曹国舅、张果老、韩湘子、蓝采和、何仙姑，人称八仙。他们演绎（yì）了很多美丽的故事。

一天，八位仙人要到东海去游蓬莱岛。本来，诸仙腾云驾雾，一眨眼就可到了，可是吕洞宾偏偏别出心裁，提出要乘船过海，观赏海景。大家一听也觉得很有意思，于是便答应了。

> 吕洞宾提议乘船过海，为下文情节的发展做铺垫。

吕洞宾拿来铁拐李的拐杖，往海里一扔，说了一声"变"，顿时拐杖变成了一艘宽敞漂亮的大船。八位大仙坐船观景，喝酒唱歌，热闹极了。

船在海上航行着，几位大仙觉得速度太慢，吕洞宾就说："不如我们每人都拿出自己的宝物，使船加快速度。"说完，吕洞宾拔出宝剑，扔进水中，水中立刻翻起大浪，推动船往前走。船走出了几里后，吕洞宾便收回宝剑。

> 看到吕洞宾的做法，其他几位大仙又是怎么做的？

铁拐李见吕洞宾收回了宝剑，马上摘下自己的宝葫芦，对着船的后面，只听"砰砰"两声，船又加快了速度。汉钟离也不甘示弱，举起大扇子，扇了几下，船的速度又更快了。

蓝采和一见也着了急，拿起快板抛入水中。可是，过了一会儿,船又慢了下来,并没有加快。几位大仙笑着说:"怎么你的快板不灵了呢!"蓝采和一看自己的宝物不见了,就急急忙忙跳入水中去找,结果一看是被龙王太子给偷了。蓝采和追了上去,与龙王太子大战起来。

大船被海浪打翻,八仙依靠自己的宝物,都没有落入水中。

其他七位大仙正谈论着蓝采和的仙术失灵。突然,平静的海面掀起一个浪头,将大船打翻了。张果老眼尖,翻身爬上毛驴背;曹国舅脚踏巧板浪里漂;韩湘子放下仙笛当坐骑;汉钟离打开蒲扇垫(diàn)脚底;铁拐李失了拐杖,幸亏抱着个葫芦;吕洞宾踩着宝剑;何仙姑坐在莲花上。都没有落水。

他们看蓝采和与龙王太子打了起来,便知道是龙王太子偷了快板。龙王太子见八位仙人都在,知道自己打不过他们,便逃跑了。

八位仙人本来想去游玩,偏偏遇上这事,非常生气,便跳入水中直奔龙宫追去。

八仙对战龙王太子,会是怎样的情形呢?带着疑问,继续往下读故事吧!

龙王太子知道八仙不会善罢(bà)甘休,早在半路上就安排好了阵势。他见大仙们来势凶猛,慌忙挥舞鱼旗,催动虾兵蟹将,掀起漫海大潮,向八仙扑来。汉钟离挺着胖肚子,飘然降落潮头,轻轻扇动蒲扇。只听"呼呼"两声,一阵狂风就把虾兵蟹将都扇到九霄云外去了,吓得其他海怪连忙关了龙宫大门。龙王太子见汉钟离破了他的阵势,忙把脸一抹,喝声"变",海里突然蹿出一条大鱼,张开闸(zhá)门似的大口来吞汉钟离。

汉钟离急忙扇动扇子,不料那大鱼毫无惧色,嘴巴越张越大。这下，汉钟离可慌了神了。正在危急时刻，忽然传来韩湘子的仙笛声。那笛声悠扬悦耳，大鱼听了，竟然斗志全无，朝韩湘子歌舞参拜起来，渐渐浑身酥软，瘫成一团。

吕洞宾挥剑来斩大鱼，谁知一剑劈下去火星四溅，锋利的宝剑斩出个缺口。

仔细一看，眼前哪儿有什么大鱼，分明是块大礁（jiāo）石。吕洞宾气得火冒头顶，铁拐李却在一旁笑眯眯地说："待我来收拾它！"

只见铁拐李向海中一招手，他的那根拐杖"唰"地飞了过来。铁拐李把拐杖拿在手中，一杖打下去，不料却打在一堆软肉里。原来，海礁已变成一条大章鱼，拐杖被章鱼的手脚缠住了。要不是何仙姑的花篮罩下来，铁拐李早被章鱼吸到肚皮里去了。原来那大礁和章鱼都是龙王太子变的。这时，他见花篮当头罩来，慌忙化作一条海蛇，向东逃窜。张果老拍手叫驴，连忙急追。眼看就要追上，不料毛驴被一只蟹精咬住驴蹄，一声狂叫把张果老抛下驴背。幸亏曹国舅眼明手快，救起张果老，打死了蟹精。

> 神态、语言、动作描写表现铁拐李的自信与神通。

> 龙王太子与八仙决斗的过程太精彩，太刺激了！

龙王太子现出原形，闪耀着五颜六色的龙鳞，摆动着七枝八杈（chà）的龙角，张舞着尖利的龙爪，向大仙们猛扑过来。八位大仙各显法宝，一齐围攻龙王太子。

龙王太子斗不过八仙，只得向龙王求救。龙王知道后，把龙王太子痛骂了一顿，亲自把快板还给了蓝采和，一场风波总算平息了。

八仙经过一番大战，各自的本领与神力大增，又一同去游

一切景语皆情语。

蓬莱岛。八仙一到，只见霞光普照，祥云缭（liáo）绕，天地一片灿烂。这正是经历风雨，才见彩虹。从此留给后世丰富多彩的美丽传说。

乐行乐思

填写表格。

八仙的名字	法宝	过海方式
铁拐李		
	宝剑	
		爬上驴背
曹国舅		

 **大课堂**

1. 漫谈故事类型。同学们读了《山庙里的故事源》，一定觉得有很多好玩的地方，请你结合印象深刻的内容，说说这些民间故事具有怎样固定的类型。

2. 展示拿手好戏。民间故事一般都是口耳相传，今天大家就以小组为单位，每人讲一则最拿手的民间故事。

3. 推荐精品表演。各个学习小组推荐一名故事讲得特别精彩的高手，向全班同学汇报表演。听者尤其要学习别人是如何把重复的内容讲出不同味道的。

4. 留心随处收集。用自己会讲的民间故事回家向长辈或邻居去交换故事，听他们说说我们所不知道的，而在人民中间流传甚广的故事。

21. 青春的泉水

很久以前，在一个山村里，住着一对老夫妇，老头子每天上山打柴，老太婆在家里操持家务。

有一天，老头子到森林里去打柴，一直到晚上还没有回来。老太婆整整等了他一夜。第二天一早，一个青年人背着一捆柴火到了她家。

老太婆仔细一看，这不就是她家的老头子吗？他怎么长得和二十岁的时候一模一样！

"你这是怎么啦？"老太婆惊奇地问。

老头子给她讲了下面一段神奇的经历：

"昨天我到山里去打柴，忽然刮起了一阵大风，一只从未见过的美丽的小鸟飞过来，在我的头上转了几圈又飞走了。我好奇地跟着鸟儿往前走。它把我带到了一个奇异的山谷，那里鲜花盛开，到处飘香，风景美丽极了！不远的地方有一条小河。我渴了，就去舀河里的水喝。一喝这种水，我突然感到浑身增添了力量。等喝够了，就在山泉旁边睡着了。深夜，我醒来一看，月亮是那样的明亮，鸟儿还在不停地歌唱。我一个人感到害怕，就连忙跑了回来。"

老太婆听了老头子讲的这个离奇的故事，心里非常羡（xiàn）慕，就对丈夫说：

"我也要找到这个泉水，我也要变得年轻！"

"好吧，你去找吧！"丈夫乐呵呵地给她指了路。

可是第二天，老太婆并没有回家。又过了几天，她还是没有回来。丈夫不得不去找她了。

他来到一片林中空地，发现周围空荡荡的，一个人也没有。他心里越来越不安了："会不会是什么野兽把她吃掉了呢？"

他又到泉水边上走了一趟，还是没有找到老太婆的踪迹。他灰心了，刚要往回走，忽然听到一个小孩的哭声。

丈夫找不到自己的老伴，她究竟在哪儿呢？设置悬念。

"谁会把小孩带到这个荒凉的地方来呢？"他心里寻思着，不由自主地朝哭声传来的方向走去。

在一处茂密的草丛里，他发现了一堆白色的东西，捧起来一看，原来是他家老太婆的衣服，里面裹着一个"哇哇"大哭的孩子。

"糟糕！我的老伴变成小娃娃了！"丈夫急得不知如何是好。

娃娃朝他点点头，哭得更凶了。

"可怜呀可怜，这就是你呀，我的老伴！"老头子对她说，"你太贪婪，青春的泉水喝得太多了，你已经变成一个吃奶的娃娃了。这可叫我怎么办呢？"

老太婆变成了一个吃奶的娃娃。

丈夫实在想不出什么好办法，只好把他的娃娃老太婆抱在怀里回家了。

从此以后，丈夫每天都要抱着他的娃娃老太婆，挨家挨户地去求人家给她喂奶。

　　老太婆最后怎么会变成了一个吃奶的娃娃呢?作者这样写的用意是什么呢?

22. 吹牛大王

从前，有一个人叫宫本，不仅爱吹牛，还喜欢嘲笑别人。每当谁遇到倒霉事，他就嘲讽（fěng）说："你真笨，要是我就不会发生这种事，没人能骗得了我！"

> 开头交代了宫本的爱吹牛、喜欢嘲讽别人的特点。

有一次，宫本进城去买牛。他在市场上看中了一头膘（biāo）肥体壮的牛，经过和卖主的一番讨价还价，终于成交了。

他牵着牛得意地往回走，路过城门口时，忽然想去拜访他的一位朋友——鞋匠。于是，他就牵着牛来到鞋匠的作坊（fáng）。

一见到鞋匠，他就吹起牛来："你看，我买了一头多好的牛，你一辈子也甭（béng）想买到这样的牛！"

鞋匠有个徒弟叫依洛，他仔细看了看那头牛，的确不错，好心地提醒道："这牛确实是头好牛。宫本先生，你可要小心，路上别被人偷了。"

宫本轻蔑（miè）地一笑，说："换成你倒不一定。至于我，没人能治得了我的。"说完，大摇大摆地走了。

依洛见宫本走了，就对师傅说："这个人太爱吹牛了，我想去治治他，给他一点教训。"

> 自视甚高的宫本打压别人，抬高自己，认为没有人能治得了他，为后文埋下了伏笔。

"你怎么治他呢？"师傅问。

山庙里的故事源

"我准备偷走他的牛。"

"不要说得那么轻巧,他可是个不好对付的人。"

"我自有办法。"学徒说完,就从墙上取下一双新鞋子,追赶宫本去了。

依洛顺小路走,一会儿便跑到了宫本的前面,把一只鞋子扔在了他要经过的路上,然后自己藏了起来。

宫本正哼着歌得意地走着,忽然看见了那只鞋。

依洛扔出一只鞋子,这是想干什么呢?

"这是谁竟然把鞋丢了呢?不过只有一只,否则我就捡回去了。"

他绕过了那只鞋,继续往前走。当他经过一片树林时,又看见了同样的一只鞋。

"又是一只鞋,看样子和刚才那只是一双。"他得意起来,"要是再把刚才那只捡回来,不就有一双新鞋了吗?"这样想着,他便把牛拴(shuān)在大树上,赶紧向第一只鞋那儿跑去。

鞋还在,他捡了鞋子,又乐滋滋地赶回去。可是,当他来到那棵大树下时,却发现牛不见了。他找遍了树林,但都没找到。

宫本丢了牛,只能想办法自救。

没有了牛,这可怎么向妻子交代呢?他只好又返回城中,打算再买一头牛。

当他经过鞋匠作坊门口时,鞋匠看见了他,招呼道:

宫本不好意思让人知道自己的牛丢了,只好撒谎掩饰。

"宫本先生,你怎么又回来了?牛呢?"

宫本愣了一下,说:"嗯……牛嘛,我不喜欢它了,在路上卖掉了,卖了个好价钱。现在想重新买一头。"

鞋匠暗暗发笑，因为依洛已经把那头牛牵回来了，就藏在后院。见宫本还在吹牛，鞋匠就说："正好，我有一头牛想卖，这可是一头好牛哪，不知你是否能相中？"

他们来到后院。宫本并没认出这就是他被偷走的那头牛，问道："这头牛你卖多少钱？"

"不要多，和你第一次买的那头一样多。"

"什么？"宫本大叫了起来，"你这头牛比我刚才买的那头差远了，我那头牛才叫壮呢！"

鞋匠说："你不买算了，我这牛不愁卖不出好价钱。"

宫本只好按鞋匠出的价买下了自己的牛。

他离开时，鞋匠说："路上小心，别再把牛丢了。"

"不会的，没人能偷走我的牛。"宫本又吹牛了。

依洛笑着对师傅说："我再把他的牛偷回来，看他这次怎么办。"

师傅摇摇头说："不可能的。他这次肯定不会上你的当了。"

"让我试试看。"依洛说完，跑了出去。他抄近路来到宫本第一次丢牛的那片树林里，正好见宫本过来了，他就"哞（mōu）、哞、哞"地叫起来。

面对依然在吹牛的宫本，依洛又想去偷他的牛。这次，宫本会上当吗？拭目以待吧！

宫本听见牛叫，心想："这一定是我刚才丢失的那头牛，我去捉住它，就有两头牛了。"他把刚买的牛拴在一棵树上，朝着牛叫的地方走去。奇怪，这头牛仿佛在和他捉迷藏似的，总在离他不远处叫着，一直把他引到了密林深处。他在那儿找了半天，也没发现牛，只好垂头丧气地回去牵他刚买的牛。可是，走到那儿一看，牛又没了，他气得直冒汗。实在没办法，他只好又回到城里。

走过城门时,他碰见了站在鞋铺门口的依洛。"怎么,你又回来了?你那头牛呢?"依洛故意高声问道。

"我把牛供奉给菩(pú)萨了,希望菩萨能保佑我。现在我到市场上去再买一头。"

> 宫本为了自己的面子,再次撒谎、吹牛,真是可笑。

"不必去市场了,你可以看看我师傅这里的一头牛。"

宫本走到后院,见了那头牛说:"这牛根本不能和我刚买的那头比。"

鞋匠和徒弟忍不住大笑起来,他们笑得眼泪都流出来了,邻居们也被吸引过来了。鞋匠把宫本两次买牛两次被偷,现在还要第三次来买同一头牛的事说了。邻居们也哈哈大笑起来。

> 鞋匠只是想教训宫本,让他改掉吹牛的毛病。

这时,鞋匠说:"宫本,你要是改掉吹牛的毛病,我就不要你这牛和钱了。"

宫本只好点头答应,毕竟买牛要花好多钱呢。

宫本买牛的故事很快传开了。后来,只要宫本一吹牛,人们就用他买牛的事来嘲讽他。从此,他再也不敢吹牛了。

乐行乐思

读读故事,想一想:宫本每次丢牛的原因是什么?

23. 种子的故事

很久以前，有一个国家，国王贤明而受人爱戴。但是，他的年纪已经很大了，遗憾（hàn）的是没有一个孩子。这让他伤透了脑筋。有一天，国王想出了一个办法，说："我要亲自在全国挑选一个诚实的孩子，收为我的义子。"他吩咐发给全国每一个孩子一些花种子，并宣布："如果谁能用这些种子培育出最美丽的花朵，那个孩子便是我的继承人。"

> 为了选出合格的接班人，国王想出了什么办法？

所有的孩子都种下了那些花种子，他们从早到晚浇水、施肥、松土，护理得非常精心，都希望自己的花开得最美丽。

有个名叫雄日的男孩，他也整天用心培育花种。但是，十天过去了，半个月过去了，一个月过去了……花盆里的种子好像沉睡了一样，不见发芽。

"真奇怪！"雄日有些纳（nà）闷。

实在无计可施，他只好去问他的母亲："妈妈，为什么我种的花不发芽呢？"

> 雄日用心培育花种，却一无所获。

母亲同样为此事操心，她说："你把花盆里的土换一换，看行不行。"

雄日依照妈妈的意见，在新的土壤里播下了那些种子。但是，它们仍没有动静。

国王决定观花的日子到了。无数个穿着漂亮服装的孩子涌

山庙里的故事源

> 看到孩子们手中盛开的鲜花，国王为什么脸上没有一丝高兴的影子呢？

上街头，他们各自捧着盛开着鲜花的花盆，每个人都想成为继承王位的太子。但是，不知为什么，当国王环视着色彩斑斓（lán）的花儿，从一个个孩子面前走过时，他的脸上没有一丝高兴的影子。

忽然，在一个店铺旁，国王看见一个孩子端着空花盆站在那里，默默地流着眼泪。国王把他叫到自己跟前，问道："你为什么端着空花盆呢？"

那个孩子正是雄日，他抽咽（yè）着，把自己种花的经过，以及花种子长期不萌芽的结果告诉了国王，并坦白说，这可能是报应，因为他在别人的果园里偷摘过一个苹果。

国王听了雄日的回答，高兴地拉着他的双手，大声地说："你就是我诚实的儿子！"

> 诚实的雄日成了国王的接班人。做一个诚实的人，才会有好的收获哦！

"为什么您选择了一个端着空花盆的孩子做接班人呢？"孩子们不解地问国王。

国王认真地说："因为我发给你们的花种都是煮熟了的种子。"

听了国王的这句话，那些捧着美丽花朵的孩子们，个个面红耳赤，因为他们偷偷地把花种换掉了。这个故事告诉人们，只有诚实做人，才能有好的收获。

你知道哪些关于诚实的名言？试着写一两句。

24. 金斧子

有一天，樵（qiáo）夫到河边去砍柴，不小心将斧子掉到河里。樵夫伤心地哭了起来。河伯听到了樵夫的哭声，便从水中探出头来，问他为什么伤心，樵夫把自己的遭遇告诉了他。河伯极为同情，便潜回水底。当他跃出水面时，手里举着一把闪闪发光的金斧子，问樵夫：

"哎，朋友！这把斧子是你的吧？"

"不，"樵夫答道，"这不是我的！"

河伯又潜入水中，捞出一把银斧子。樵夫看了看，遗憾地说："这也不是我的！"

于是，河伯第三次潜入水中。这次，他才把樵夫掉的那把铁斧子捞了出来。看到了自己的斧子，樵夫转悲为喜，连声向河伯诚挚地道谢。

河伯为樵夫的诚实、憨厚和正直所感动，便把金斧子和银斧子也赠给了他。

樵夫回家后，向隔壁邻人讲了他所经历的一切。那个邻人是一个爱嫉（jí）妒（dù）又贪婪的家伙。他也跑到河边，把斧子扔到河里，然后开始号啕大哭。河伯听到哭泣声，便从水中

樵夫如实对待河伯捞出的斧子。读到这里，你想对他说些什么？

探出头来。他问清了原委,又潜入河里。他再次探出身子时,手里举着一把金斧子,问:

"这是你掉进河里的斧子吗?"

贪婪的邻人见到这把金灿灿的斧子,急不可待地喊着:

"是啊,是啊!这就是我的斧子,是我的!"

由于贪婪而失去了理智,他匆匆奔过去要夺下这把金斧子。河伯明白了来者的用心,不但没把金斧子给他,而且连他扔下的铁斧子也不管了,最后还诅咒了这个说谎的人。

贪婪的邻人空着双手,灰溜溜地回家了。

贪婪的邻人偷鸡不成反蚀把米,真是自作自受啊!

樵夫和他的邻人都把斧子掉进河里,为什么会有不一样的结局呢?

25. 一场美梦

从前有户穷苦人家，一家老小常常挨饿受冻。为了吃顿饱饭，他们决定背井离乡，进城去当苦力。这天，父亲带着妻小离开村子。走着走着，太阳快要落山了，一家人准备在路边的一棵大树下过夜。

父亲对大儿子说："孩子，你到树林里拾点干柴，咱们先把火生着，暖暖身子。"

老大拔腿就走，老二急忙拦住他："哥哥，让我去吧。"

"不，你俩留下，我去。"老三争着说。

"好吧，听我的。"父亲见他们哥儿仨（sā）争起来，便说，"老大去拾柴，老二去担水，老三砌炉灶。"

父亲说完，哥儿仨马上分头干开了。

没过多久，柴拾回来了，水担好了，炉灶搭起来了。接着，父亲生上火，母亲烧开了一锅水。可是，用啥做饭呢？一家人正在发愁，忽然听到树上一只鸟儿叫道："多么勤快的人呀，可惜一粒粮食也没有。"

"你等着，我们把你捉住！"哥儿仨齐声说。

"小兄弟，不要急。我告诉你们一个地方，那里什么都有。"鸟儿说完便把他们带到一个山冈上，指着一块地方说："把这儿

穷苦人家的三个儿子勤劳肯干，和睦相处。

鸟儿会带给他们什么惊喜呢？真令人期待。

刨开。"

他们刨开一看，里面全是珍珠、玛(mǎ)瑙(nǎo)和金银宝器。哥儿仨激动地把这些贵重东西捡回来，交给父亲。第二天一早，这一家人又回到村里。父亲用珠宝换回许多粮食，一家人的生活过得好多了。

贪婪的财主想出了什么主意？

这村子里有户财主，知道这件事后跑来问："你家怎么一下子发起来了？"他们把事情的经过照实讲了，贪婪的财主眉头一皱，计上心头。

第二天，财主早早就带上老婆孩子离开家门，傍晚来到那棵大树下。财主跟大少爷说："你快拾柴去！"

"老二咋不去？"

财主家的三个儿子好逸恶劳，推诿扯皮。

财主又喊二少爷。老二支支吾吾地说："我太累了，老三去吧。"

财主看了一眼小少爷——他趴在地上一动不动，正在装睡呢。

见此情景，财主老婆急了，说："我去！"

"你？"财主没好气地说，"你在那儿坐着吧！"

就这样，财主一家人谁也没挪动一步。当然喽，什么干柴呀，水呀，炉灶呀，怎么可能从天上掉下来呢？

这一切，又被树上的鸟儿看见了，它故意打趣道："喂，你们有的是粮食，怎么不生火做饭呢？"

语言、动作描写，表现鸟儿对财主一家人的蔑视、嘲讽。

听到鸟儿的叫声，财主和儿子嚯(huò)地从地上爬起来，神气十足地说："我们要把你吃掉！"

"呸，亏你说得出来，想吃掉我没那么

容易!"鸟儿说完便讥笑着飞走了。

　　财主一家人眼巴巴地望着鸟儿振翅远去,一场美梦破灭了。

　　为什么财主一家人的一场美梦会破灭了呢?

山庙里的故事源

26. 机智的农夫

从前，苏门答腊岛上有个贫穷的农夫。在他那一块小小的土地上，长着一棵独一无二的香蕉树。

这天，三个行人——和尚、医生、高利贷（dài）者，走过农夫的茅屋旁边。高利贷者一眼看到了香蕉树，便跟两个同路人说："我们三个人，而农夫只有一个，他怎能拦住我们去品尝他的香蕉呢？"

面对三个厚颜无耻的坏蛋，农夫会想出什么办法对付他们呢？快大胆猜测一下吧！

于是，这三个不老实的坏蛋，就满不在乎地当着农夫的面，津津有味地吃起香蕉来了。

"尊敬的先生们！你们这是在干什么呀？"农夫绝望地叫道，"这是我的香蕉呀！"

"嘿，是你的，有什么根据呀？"和尚厚颜无耻地问道。

"这香蕉很合我们胃口，因此我们就吃啦！"医生补充道。

"别烦我们，要不，就叫你没有好下场！"高利贷者威胁道。

"他们三个人，而我只有一个。"农夫想了想，"论力气，我对付不了他们，但总不能眼巴巴地看着他们在我这里无法无天呀！"

于是，他就对这批不速之客说道："能在家里见到老佛爷和名扬四海的医生，我感到非常荣幸。但是，令我震惊的是，

104

像高利贷者这样卑鄙（bǐ）的家伙竟跟你们在一起！看，他是多么贪心呀，你们摘一只香蕉，他就摘了五只，而且都是些熟透了的哩！"

农夫用赞美之词奉承和尚、医生，抬高他俩的同时贬低了高利贷者，他这样做的用意是什么呢？

这时，和尚气愤地喝道："你这个贪得无厌的高利贷者！对你佛爷太不恭敬啦！快给我滚，要不，我们就教训你！"

"他们三个人，而我只有一个。"高利贷者想了想，就胆怯（qiè）地溜掉了。

和尚和医生接着摘香蕉。

农夫巧用离间计，先赶走了高利贷者。

这时，农夫对医生这样说："别生气，可敬的先生！我觉得您的医术是无法治好人的。"

"我的医术？你这个不学无术的人，懂得什么呀？我让多少人恢复了健康啊！"

"我看是神使他们恢复健康的。"

"哪里是神？是我替他们治好的，不是神！"

"你说什么？你这亵（xiè）渎（dú）神明的家伙！"和尚发起火来，"你胆敢怀疑神的威力！"

农夫成功地挑拨了和尚与医生的关系，令他俩反目成仇，赶走了医生。

"虔（qián）诚的佛爷啊，他冒犯神明！"农夫跟着和尚大声叫了起来，"跟这样亵渎神明的人在一起，真是天大的罪过呀！"

"马上给我滚开！"和尚喝道。

"他们两个人，而我只有一个。"医生想了想，慌得丢下香蕉就逃掉啦。

山庙里的故事源

当留下农夫与和尚一对一的时候，农夫问和尚："啊！你研究过许多佛经，你说说看，难道佛经不禁止侵犯别人的财产吗？"

"不，佛经是禁止的。"和尚肯定地说。

"那你干吗吃别人的香蕉呢？"

和尚正考虑怎样回答时，农夫拿起了一根非常沉重的棍子，给和尚指了指路，说道："走你的路吧，虔诚的佛爷。从今以后，你休想再靠近我的香蕉树了！"

农夫用和尚信奉的佛经上的教条堵住和尚的口，又用棍子赶走了和尚。

和尚向农夫手中那根非常沉重的棍子鞠了一个躬，就急匆匆地逃走了。

机智的农夫就这样赶走了狡诈的不速之客。

乐行乐思

　　农夫凭借自己的智慧，巧妙地赶走了三个不速之客。读了这个故事，你想对他说些什么？

27. 一罐魔水

有一个国家,国王一天天变老了。这时候来了一个巫师,他对国王说:"呵,国王,给你一罐魔水,你只要喝上一口,就可以长生不老。"

老国王可是个聪明人,做事十分谨慎。他秘密召见了从宫廷边路过的头三个人。不一会儿,一个著名的军人、一个富商和一个贫困的农民便被带到他的面前。

国王先问著名的军人:"请你告诉我,喝了这魔水,我会幸福吗?"

军人答道:"是的,会幸福的。您将万寿无疆,您征服全球的时代也就会到来。周围都是被自己征服的人,难道您不幸福吗?"

这时,国王又问富商:"请你告诉我,喝了这魔水,我会幸福吗?"

富商答道:"是的,会幸福的。您将万岁万万岁,而您的财富则逐年增加。看着自己的财富不断增多,难道您不幸福吗?"

这时,国王又问贫困的农民:"请你告诉我,喝了这魔水,我会幸福吗?军人和商人对我讲的是实话吗?"

军人和富商一致认为国王喝了魔水后会幸福的。农民也是这么认为的吗?

农民答道:"啊,国王!无论军人还是商人,都只对你讲了一半实话。他们只告诉了你,为什么你会幸福,却故意只字不提你的不幸。"

"你胡说什么呀?笨蛋!"商人和军人异口同声地喊道,"长生不老的国王怎么会有不幸呢?"

"英明的国王,请你听我说,"农民说,"你喝了这魔水,将会得到永生,会亲眼看到自己宝库中的财富日益增多,并将为自己的威力而自豪。但你心爱的妻子终有一天要去世,你所疼爱的孩子们也要去世,你的子孙后代也终将离开这个世界,你的全部朋友和忠实的仆人也会统统死去,而你还将继续活着。总有一天,当你环顾四周时,在你身边,既看不到妻子,也见不到子孙,甚至连朋友和忠实的仆人也没有了。我们英明的国王呵,这就是你长生不老将要得到的幸福。如果你想要这样的幸福,现在就把这魔水喝下去吧,那就可以长生不老啦!"

从农民意味深长的话中,你们体会到了什么?

"决不!"国王激动地感叹道,"无论如何也不!如果我将失去所有的亲人和朋友,我还要威力和财富干什么?"

就这样,国王一边感慨着,一边使劲地把装魔水的罐子扔在地上。罐子摔了个粉碎,国王命人把罐子的碎片抛进了大海。

"让大地吸足魔水,长生不老吧!"聪明的国王说。

乐行乐思

故事的结尾,国王把装着魔水的罐子摔了个粉碎,你认为他做得对吗?

28. 商人和铁皮匠

有一天,商人和铁皮匠在争论:财富和智慧,哪个更重要?

商人说:"如果穷得像田里的老鼠,智慧有什么用?"

"可是黄金也帮助不了傻瓜!"铁皮匠回答。

"哼,你吹牛,"商人说,"黄金能够把一个人从任何灾难中救出来,这个世界上没有钱解决不了的问题。"

铁皮匠不同意,说:"没有智慧,黄金就一钱不值;有智慧,没有黄金,也能帮助人,这个世界上只有智慧才能解决一切问题。"

"胡说!"商人生气了,"这是根本不可能的。如果你的智慧比我的黄金强,我送你一千卢比;如果我的黄金比你的智慧强,你做我的奴隶。你答应吗?"

"我同意。"铁皮匠坚定地说。

"那么,我们去找国王,把我们的争论告诉他,请他来判断我们双方都要遵守诺言,决不能反悔。"

> 亲爱的读者朋友,财富和智慧,究竟谁更重要呢?读了下面的这个故事,相信你一定会有所启发的。

> 商人认为黄金比智慧强,铁皮匠则认为智慧比黄金强,他们谁也说服不了谁。

> 他们本来想请国王来判断的,没想到惹来了杀身之祸。

接着，他们见到了国王，叙述了争论的情况。这个国王既残酷，又凶恶，他没有一天不杀人。这一天，他已经杀了三个无辜的人。这时，国王看到商人和铁皮匠如此麻烦，想叫刽子手来把他们也杀了。但他想起了父亲的遗训："一天杀人不得超过三个，否则没有人为你猎取大象，放牧你的马群，给你种棉花和水稻。"

国王不敢违背父亲的遗训，于是他又想出了一条奸计。他用棕榈叶写了一封信，上面加了三道封漆，然后交给商人说："你同铁皮匠到邻国去，把这封信转交给邻国的国王。你们回来后，我将要赏赐你们。"

商人和铁皮匠到邻国去了，他们把信交给了国王，等待国王说点什么。国王去掉封漆，展出棕榈叶信，高声读了起来："我的强大邻居！你要过好日子的话，就把这两个人杀掉！"

商人一听到信中写的内容，吓得马上跪在国王面前，哀求道："大王饶命！我把黄金都给你，只要你给我活命！"

国王微笑了一下，说："我自己的黄金已够多了。卫兵！把这两人关押起来。一小时后，叫刽子手砍掉这两个外国人的头！"

卫兵们围住了商人和铁皮匠，牢牢监视着他们两人。商人哀求说："放我走吧，我一定重重谢你们，每人给一千卢比！"

"我们把你放了，国王就要杀我们的头。"卫队长叹了一口气说，"没有头，黄金又有什么用呢？"

还没过一小时,刽子手来了,后面是国王和宫廷官员。刽子手刚拿起刀,铁皮匠就哈哈大笑起来。

"你笑什么,不知死活的人!"国王感到十分奇怪。

"国王,我告诉你我笑的原因。五天之前,在我们国王的王宫里出现了一个伟大的预言者,这个预言者看到我们,就对国王说:'只要在你的国家里还有这个铁皮匠和这个商人,你的国家就要遭到可怕的灾难!例如,鼠疫、干旱、暴雨、饥饿……除掉这两个人吧,但你要记住,如果你把他们杀死,你的国家里的各种灾难就会一齐发生。所以,你要想法让别的国王杀死他们。这样,一切灾难就会降临到别的国土上。'"

国王听了这个故事,勃然大怒,狂叫道:"这么说,你们的国王是想要毁灭我的国家!你们回去吧,告诉这个忘恩负义的家伙,六天后我的勇士们要踩毁他的土地,我要把他俘虏来,叫他在这里种田!"

铁皮匠和商人向国王行了礼,赶忙踏上了回国之路。在路上,铁皮匠对商人说:"现在你明白智慧比黄金强了吧?要不是我,你现在头也没有了!快给我一千卢比!"

"我们先回家再说,"商人回答说,"到了家里后再看情况。"

商人舍不得一千卢比,他决心要谋害铁皮匠。

商人不仅出尔反尔,不守承诺,还妄想谋害铁皮匠。

三天后,他们就来到了国王面前,说:"邻国国王向你宣战,三天后他的军队要踏平我们的庄稼!"

国王听了,吓坏了,问:"那个国王怎么会对我生气的?"

这时商人抢着说:"这都是由于铁皮匠不好,国王才对你发火的。"

于是商人把事情的前因后果都告诉了国王。国王听了,气得从王位上跳起来,大叫道:"我要砍掉你们两个人的头!来人,快叫刽子手来!"

商人挑拨离间,本想害人,没想到也让自己命悬一线。

刽子手闻声而来,商人跪在刽子手面前哀求:"先生,饶了我吧!我给你一头大象、一袋黄金。"

国王听到后,嚷道:"你们俩叫敌人的军队来进攻我国,我非杀了你们不可!"

刽子手挥了一下刀,铁皮匠就哈哈大笑起来,笑得眼泪洒了一地。刽子手感到莫名其妙,放下了刀,看着国王。

"没头脑的人,你笑什么?"国王问。

"我笑,是因为你要处死我。你却不知道,只有我一个人才能迫使敌人的军队退回去。你杀了我,你自己必定要遭受灭顶之灾,所以我笑了……"

"我倒要看看你的话对不对!"国王说,"如果你不能使敌人的军队溃逃,我就下令把你活活烧死。"

"只要你给我一匹马,敌人就不敢攻你的国土。"铁皮匠胸有成竹地说。

"给他一匹马!"国王下令。

铁皮匠为什么主动让邻国国王杀了自己?

铁皮匠骑上马,迎着敌人的军队驰去。在国境线上,他看到了邻国浩浩荡荡的军队,怒气冲冲的国王骑着马站在最前面。铁皮匠骑着马来到国王面前,挡住了他的路,说:"你先杀死我,然后踩平我国田里的庄稼吧!你要知道,只要我活着,士兵就没有一个能跨过边界线!"

邻国国王想:如果我杀死他,那么可怕的预言就会实现,鼠疫、饥饿、旱灾就会降临到我的土地上!

"不能杀!"国王叫道,"让你的国王把你杀死吧,我不是你的敌人!"

于是邻国国王命令军队撤走了。

铁皮匠回来见国王,说:"我已实现了自己的诺言,现在没有人威胁我们的国家了。"

国王非常满意,下令奖赏铁皮匠一千卢比。铁皮匠把钱放进袋里,转身对商人说:"现在你把输了的钱给我吧!"商人不得不付了一千卢比。

读完这个故事,你觉得商人和铁皮匠分别是怎样的人?

铁皮匠背上钱袋,意味深长地对商人说:"要记住,黄金帮不了傻瓜,聪明的人没有黄金也能驱除灾难!"

"黄金帮不了傻瓜,聪明的人没有黄金也能驱除灾难!"你从铁皮匠的这句话中明白了什么道理?

29. 时间的变化

> 开头写时间拥有的财富，突出他的富有。

很久很久以前，在非洲有一个富人，名叫时间。他拥有无数的家禽和牲口，他的土地无边无际，他的田里应有尽有，他的大箱子里塞满了各种宝物，他的谷仓里堆满了粮食。

这个富人拥有这么多的财产，连国外的人也知道了。于是，各国商人远道而来，纷纷和他做生意，随同来的还有舞蹈家、歌手、演员。各国派遣使者来，只是为了看一看这位富人，回国后就可以对百姓说，这个富人怎么生活，样子是怎样的。

> 时间不仅富有，还慷慨大方，人们都以看到他为荣耀。

富人把牛、羊、衣服送给穷人，于是人们说世界上没有一个人比他更慷慨了，还说，没有看见过时间富人的人就等于没有生活过。

季节更替，光阴似箭，日月如梭，时间富人老了，财产日益少了，牲口也越来越少了，土地贫瘠了，谷仓空了。他的身体一年比一年瘦弱了，时间变成了一个可怜的乞丐。

有一天，某部落仍派出使者来向时间富人问好。部落的人对使者说："你们到时间富人的国家去，要想办法见到他。你回来时，告诉我们，他是否像传说中的那么富，那么慷慨。"

使者们出发了,他们跋山涉水,走了好多天,才到达了富人居住的国家。在城郊,他们遇到了一个瘦瘦的、衣衫褴褛的老头。

使者们历经千辛万苦,只是为了来向时间富人问好。他们能如愿吗?

使者们问:"这里有没有一个时间富人?如果有,请告诉我们,他住在哪一家。"

老人忧郁地回答:"有的。时间就住在这里,你进城去,人们会告诉你的。"

使者们进了城,向市民们问了好,说:"我们来看时间。他的声名也传到了我们部落,我们很想见识这位神奇的人,准备回去后告诉同胞。"

正当使者们说这话的时候,一个老乞丐慢慢地走到他们面前。

这时,有人说:"他就是时间!就是你们要找的那个人!"

使者们仔细看着这位又瘦又老、衣衫褴褛的老乞丐,简直不敢相信自己的眼睛。

当使者们看到老乞丐时,为什么不敢相信自己的眼睛?

他们问:"难道这个人就是传说中的富人吗?"

当老头走到面前时,使者们问道:"请告诉我们,你真的是那个远近闻名的时间富人吗?"

老头回答说:"是啊,我就是时间!"

"这怎么可能呢?在我们国家里,只听到你有数不清的财产,而且非常慷慨,所以,国王才派我们来看看你是如何生活的。时间,你告诉我,我们回去该怎么说?"

"是的,我就是时间。我现在变成不幸的人了。"老头说,

"过去我是最富的人,现在是世界上最穷的人。"

使者们点点头说:"是啊,生活常常这样,但我们怎么对同胞说呢?"

老头想了想,答道:"你们回到家里,见到同胞,对他们说,记住!时间已不是过去那个样子了!"

你从时间老人的话中悟出了什么道理呢?

时间老人的故事带给了你什么启发?

30. 幸福就在身边

有一位老人，临死前对儿子说："孩子，我快死了。我希望你过上好日子。"

儿子说："父亲，你告诉我，怎么才能让生活幸福？"

父亲让儿子到社会上去寻找幸福，儿子能够找到幸福吗？父亲答道："你到社会上去吧，人们会告诉你找到幸福的办法。"

父亲去世后，儿子就离开了家，决心要找到幸福。他走到河边，看见一匹又瘦又老的马在岸上走。马问："年轻人，你到哪里去？"

"我去找幸福。也许你能告诉我怎么找吧！"

"小伙子，你听我给你说，"马回答说，"我年轻时，只知道饮水，吃草料，我甚至连头也不必转到食槽里，就会有人把吃的东西塞进我嘴里。除了吃以外，别的事我什么也不管。所以，当时我认为我是世界上最幸福的了。可是，现在我老了，别人把我丢弃了。所以我告诉你，年轻时要珍惜自己的青春，千万不要像我过去那样。不要享受别人给你准备好的现成东西，一切都要自己干，要学会为别人的幸福而高兴，不要怕麻烦。这样，你就永远会感到幸福。"

山庙里的故事源

这个青年若有所悟地点点头，又继续走。他走了很多路，在路上碰到一条寻找食物的蛇。蛇问："小伙子，你到哪里去？"

"我到世界上去寻找幸福。你说，我到哪里去找呢？"

"你听我说吧，我一辈子以自己有毒液而感到自豪。我以为比谁都强，因为大家都怕我，看见我都吓得跑远了。其实大家都恨我，都想方设法杀死我。所以，我也怕大家，常常小心翼翼地避开大家。你的嘴里也有毒液，所以你要当心，不要用语言去伤别人，否则你的结局也会和我一样。这样，你才能一辈子没有恐惧，不必躲躲闪闪。这就是你的幸福。"

（蛇也用自己的经历警醒青年。）

青年深深地吸了一口气，牢牢记住蛇的警醒，又继续朝前走。走啊，走啊，他看见了一棵树，树上有一只加里鸟。它的浅蓝色羽毛非常鲜艳、光亮。

"小伙子，你到哪里去？"加里鸟问。

"我到世界上去寻找幸福。你知道什么地方能找到幸福吗？"

加里鸟回答说："小伙子，看你衣服破败不堪，一脸沮丧，在路上走了很多日子了，你的脸上满是灰尘，衣服也破了，你已变了样，过路人要避开你了。看来，幸福同你是没有缘分了。你记住我的话，要让你身上的一切都显得美，这时你周围的一切也会变得美了。那时，你的幸福就来了。"

（从加里鸟的话中，青年明白了幸福的真谛。）

青年回到家，终于明白：不必要到别的地方去找幸福，幸福就在自己身边，需要自我完善，努力创造！

读了这个故事，你能试着提炼几句关于幸福的格言吗？

山庙里的故事源

31. 巧治老巫婆

很久以前，村里有个叫法蒂玛的小姑娘，珍珠似的眼睛忽闪忽闪的，大家都叫她美丽的法蒂玛。法蒂玛不但美丽无比，而且聪明过人。

一天，法蒂玛和同村的五个女孩子一道去森林里拾柴。回来时，她们迷路了，发现密林深处有火光。她们来到火堆旁，看见那里坐着一个丑陋的老巫婆。

法蒂玛和她的同伴们遇到了想吃掉她们的老巫婆。

老巫婆一见她们便哈哈怪笑，说："啊！真主总算把你们全给我送来了。哦，六个，一共六个。这可太好了。我可要先喂喂你们啦！"说着，便拿出几块烧饼给她们吃。

法蒂玛看看烧饼，又看看老巫婆，低声对同伴们说："我看她准是个老巫婆，不能吃她给的东西。"说完，又故意高声地对老巫婆说："烧饼烤得又干又硬，难以下咽，让我们到河边去取点水来再吃，好吗？"

"不行，不行。如果让你们到河边去，你们会从那儿溜走的。"

法蒂玛沉着冷静、机智地与老巫婆周旋。她们能顺利脱险吗？

"难道你不会用绳子把我们一个个拴起来吗？那样，我们就都跑不了哇！要不然，你给我们去河边打水也行！"

老巫婆想了一下，说："好，我就把你

们一个个都拴起来。那样，我只要拉一拉绳子头，就知道你们还在不在。"

于是，六个女孩都被放到河边打水去了。

老巫婆坐在林中，一会儿拉拉这根绳子头，高兴地说："嗯，她还在！"一会儿又拉拉那根绳子头，开心地说："哈，她也在！"就这样，她放心极了。

谁知法蒂玛早已把拴住她们的另一头绳子解开，系在树上，溜走了。

六个小姑娘拼命地向前跑啊，跑啊。

老巫婆等了半天，还不见她们回来，心里非常疑惑，便起身去河边寻找。当她发现自己上当后，非常气恼。她一边追赶，一边狂叫着："小丫头们，你们竟敢欺骗我。看我把你们一个个都给抓回来！"说着，她念起了咒语："前有大河，河中有大鳄。英雄好汉，也难逃脱。"

老巫婆发现自己上了当，气急败坏，念起咒语，拦住了六个小姑娘的去路。

六个小姑娘拼命地向前跑啊，跑啊！眼看老巫婆快要赶上来了，她们又被一条大河挡住了去路，大家急得直跺脚。

法蒂玛眼尖，一下就看到了河中的鳄鱼。她高声地向鳄鱼叫道："鳄鱼大哥，请您把我们渡过河去，好吗？"

鳄鱼问："你们给我什么报酬？"

法蒂玛说："您先把她们五个渡过去。然后，您可以吃掉我。"

"好吧！"于是，鳄鱼一边渡着，一边数着，它把法蒂玛的五个同伴一个一个地渡过河去后，高兴地说："好啦，下面一个就该给我当点心了。"

恰好这时老巫婆已追到河边，她不问青红皂白，一下就趴

山庙里的故事源

到鳄鱼背上，连声说："快渡！快渡！"鳄鱼把老巫婆渡到河心，便沉下去，一口把她吃掉了。但是，它很遗憾地自言自语："这难道就是刚才那个胖小丫吗？怎么尽是一些骨头渣呀？"

法蒂玛到哪儿去了？

原来，聪明的法蒂玛早在鳄鱼背渡第五个小女孩时，悄悄地抓住鳄鱼的尾巴，一道游过去了。

聪明的法蒂玛骗了鳄鱼，也让老巫婆得到了应有的下场。

乐行乐思

法蒂玛的聪明过人表现在什么地方？

32. 渔夫与魔鬼的故事

从前，有一个渔夫，虽然家里穷，但他每天早上到海边去捕鱼时，都会给自己立下一条规矩，每天至多撒四次网。有一天早上，他撒了三次网，却什么都没捞到。他很不高兴。第四次把网拉拢来的时候，他觉得太重了，简直拉不动，他心里一阵激动，就脱了衣服，跳下水去，把网拖上岸来。打开网一看，发现网里有一个胆形的黄铜瓶，瓶口用锡封着，锡上盖着所罗门的印。

渔夫好不容易捞到了一个瓶子，他该有多高兴啊！

渔夫一见，笑逐颜开，说道："我把这瓶子带到市上去，可以卖十块金币。"他抱住铜瓶摇了摇，觉得很重，里面似乎塞满了东西。他自言自语："这个瓶里到底装的什么东西？我要打开来看个清楚，再拿去卖。"他从腰带上拔出小刀，撬去瓶口上的锡封，使劲摇摇瓶子，想把里面的东西倒出来，但什么东西也没有。他觉得非常奇怪。

隔了一会儿，瓶里冒出一股青烟，飘飘悠悠地升到空中，继而弥漫在大地上，逐渐凝成一团，最后变成个巨大的魔鬼，披头散发，高高地耸立在渔夫面前。魔鬼头像堡垒，手像铁叉，腿像桅杆，口像山洞，牙齿像白石块，鼻孔像喇叭，眼睛像灯笼，样子非常凶恶。

外貌描写，表现魔鬼的长相凶恶可怕。

山庙里的故事源

渔夫一看见这可怕的魔鬼，呆呆地不知如何应付。一会儿，他听见魔鬼尖叫道："所罗门啊，别杀我，以后我再不敢违背您的命令了！"

> 魔鬼一听所罗门已死，立刻原形毕露，露出凶恶狡猾的嘴脸。

"魔鬼！"渔夫说道，"所罗门已经死了一千八百年了。你是怎么钻到这个瓶子里的呢？"魔鬼定神一看，眼前不是所罗门，而是一个渔夫，冷笑道："渔夫啊，准备死吧！你选择怎样死吧，我立刻就要把你杀掉！"

"我犯了什么罪？"渔夫问道，"我好不容易把你从海里捞上来，又把你从铜瓶里放出来，救了你的命，你为什么要杀我？"

魔鬼答道："你听一听我的故事就明白了。"

> 渔夫救了魔鬼，魔鬼为什么杀了他呢？渔夫能逃过魔鬼的魔爪吗？继续往下阅读。

"说吧，"渔夫说，"简单些。"

"你要知道，"魔鬼说，"我是个无恶不作的凶神，曾经跟所罗门作对。他派人把我捉去，装在这个铜瓶里，用锡封严了，又盖上印，投到海里。我在暗无天日的海里待了一年又一年。在第一个世纪里，我常常想，谁要是在这个世纪里解救我，我一定让他终身享受数不尽的荣华富贵。一百年过去了，可是没有人来解救我。第二个世纪开始的时候，我想，谁要是在这个世纪里解救我，我一定报答他，把全世界的宝库都指点给他。可是没有人来解救我。第三个世纪开始的时候，我想，谁要是在这个世纪里来解救我，我一定报答他，满足他的三种愿望。可是整整过了四百年，始终没有人来解救我。于是，我非常生气，我发誓，从今以后，谁要来解救我，我一定要杀死他，不过准许他选择怎样死。渔夫，现在你解救了我，所以我叫你选择你的死法。"

渔夫叫道："好倒霉啊，碰上我来解救你！但是我救了你的命啊！你怎么能如此狠心呢？"

"正因为你救了我，我才要杀你啊！"

"好心对待你，你却要杀我！这真是恩将仇报了！"

"别再啰唆了，"魔鬼说道，"反正你是非死不可的。"

这时候，渔夫想："他是个魔鬼，我是个堂堂的人。我一定要用智慧压制住他的妖气。"于是，他对魔鬼说："你决心要杀我吗？"

心理、语言描写，表现渔夫的从容镇定、聪明机智。

"不错。"

"凭神的名字起誓，我要问你一件事，你必须说实话。"

"可以，"魔鬼说，"问吧，要简短些。"

"你不是住在这个铜瓶里吗？可是照道理说，这个铜瓶既容不下你一只手，更容不下你一条腿，怎么容得下你这样庞大的身躯呢？"

"你不相信我住在这个铜瓶里吗？"

"我没有亲眼看见，绝对不能相信。"

这时候，魔鬼摇身一变，变成一团青烟，逐渐缩成一缕，慢慢地钻进了铜瓶。

渔夫见青烟全进了铜瓶，就立刻拾起盖印的锡封，把瓶口封上，然后学着魔鬼的口吻大声说："告诉我吧，魔鬼，你希望怎样死？现在我决心把你投到海里去，希望你长眠海底！"

渔夫用自己的智慧战胜了魔鬼，也让我们深受启发。把你的收获与小伙伴分享吧！

渔夫说:"他是个魔鬼,我是个堂堂的人。我一定要用智慧压制住他的妖气。"联系故事内容,说说你对这句话的理解。

33. 才智小女神

很久很久以前，有个国王，他特别宠爱他的儿子。一天，儿子对国王说："父王，让我到市场上去看看您的臣民吧。"

"去吧，你想做什么都随你便。"国王说道。

王子来到市场上，对大家说："我出两道谜语，让你们猜一猜，你们要是猜不出来，今天就别想做买卖！卖的不许卖，买的不许买。第一个，早晨走路四条腿，中午走路两条腿，晚上走路三条腿——打一生物。第二个，什么树上长十二个杈，每个杈上长三十片叶？"

大家都哑口无言，没有一个人猜得出来。集市就这样散了。

一个星期以后，到了赶集的日子，王子又来了，问道："我出的谜语，你们都找到答案了吗？"

大家还是无言以对，闷闷不乐地离去。买主没买到货物，卖主没做成生意，市场又都收了摊儿。

王子出的两道谜语难住了所有人，让大家都做不成买卖了。

有一个市场的看守人，他一贫如洗，只有两个女儿。大女儿非常漂亮；小女儿呢，长得小巧瘦弱，但聪明非凡，才智过人。

晚上，爸爸回到家来，小女儿问他："爸爸，这两次你去

山庙里的故事源

> 小女儿从看守人的口中得知了集市上做不成买卖的原因。

集市,回来什么都没带,这是怎么回事啊?"

"女儿啊,"看守人回答说,"王子到集市来了,宣布说,'你们要是猜不出我出的谜语,买卖就别做了'。"

"王子让你们猜什么谜语?"小女儿问道。

"他让我们猜,早晨走路四条腿,中午走路两条腿,晚上走路三条腿——打一生物;还有什么树上有十二杈,每个杈上有三十片叶子?"

> 小女儿猜出了大家都猜不出的谜语,体现她的聪明过人。

小女儿想了想说道:"这很容易,爸爸。第一个谜语说的是人。人在刚出生的时候,是用双手和双脚在地上爬的;长大以后用两条腿走路;到了晚年,走路的时候就要拄一根棍子了。那棵'树'说的是'年',一年有十二个月,每个月有三十天。"

一周过去了,又到了赶集的日子,王子又来到了市场。他问道:"今天你们猜到了吗?"

看守人说:"猜到了,王子。早晨走路四条腿、中午走路两条腿、晚上走路三条腿的生物是人。刚出生的时候,他用双手和双脚在地上爬;长大以后用两条腿走路;到了晚年,就要拄一根棍子了。那棵'树'说的是'年',一年有十二个月,每个月有三十天。"

"非常准确,那么今天开张吧!"王子命令道。

> 王子得知看守人猜出谜语的原因,要到看守人家中做客。

黄昏降临,王子走到看守人面前对他说:"老人家,您是怎么猜出来的?"

33. 才智小女神

老人把真实的情况告诉了王子。王子说："您允许我到你们家做客吗？"

看守人答道："欢迎您，王子。"

于是他们就步行往家走。这时王子说了两句令人费解的话："我躲避了上帝的恩赐；违背了上帝的意愿。"

看守人不解其意，一句也答不上来，只好沉默不语。

他们到了家门前，看守人的小女儿给他们开了门，小女儿看见了王子和她父亲，就说："欢迎光临。我妈妈出去了，去看一个她从未见过的人；兄弟们正在用水冲水；姐姐待在两堵墙之间。"

王子进门之后，看见看守人的大女儿美貌无比，说道："盘子真美啊，可惜有一道裂纹。"老人仍然没有听懂王子的话。

看守人又一次没有听懂王子的话，王子是知音难觅哪！

夜幕降临，全家人都到齐了，为招待王子专门杀了一只鸡，做了一份丰盛的盖浇饭。当晚餐端上来的时候，王子说："让我来分这只鸡！"

王子把鸡头分给了父亲；翅膀给了两个女儿；鸡大腿撕给两个男孩子；鸡胸脯分给母亲；轮到自己面前，只留了两只鸡爪。看着王子分完鸡，大家非常高兴，王子也很开心。大家美美地吃着饭，度过了这愉快的夜晚。

王子转身来到聪明的小女儿身边，对她说："你说，妈妈去看一个她从未见过的人，我想她一定是位接生婆；你说，兄弟们用水冲水，他们刚才一定是去浇园子的；至于你姐姐'在两堵墙之间'，说明她那时在织布，她的身后有一堵墙，面前是架织

王子猜中了小女儿的家人分别在做什么，体现他的聪明。

布机。"

小女儿回答:"一开始你跟我爸爸说,'我躲避了上帝的恩赐',意思是你要避雨吧?对于土地来说,雨水是上帝的恩赐。后来你说,'我违背了上帝的意愿',你是拒绝死神吧?依照上帝的意愿,人总是要死的,然而我们都不愿意死。进门以后,看见我姐姐,你说,'盘子真美啊,可惜有一道裂纹'。这是个比喻,说我姐姐虽然长得标致,人品出众,只可惜她是穷人家的女儿。再后来你给大家分鸡,我爸爸是一家之长,分得一个鸡头;妈妈是一家的主心骨,得了鸡胸脯;给我们两个女儿翅膀,意思是我们迟早要远走高飞;给兄弟们鸡大腿,表明他们是家庭的依靠,是家里的台柱子;你自己呢,留下了鸡爪,因为你是客人,来,你靠双脚走来,去,你也要靠双脚离去。"

> 小女儿对王子说的话,做的事分析得头头是道,过人的智慧令人赞叹。

第二天一清早,王子找到父王,对他说:"我要娶市场看守人的小女儿为妻。"

国王非常生气,说道:"什么?你,一个王子,怎么能娶看守人的女儿呢?这是不可能的,她是下等人的女儿,跟我们不配,门不当户不对,坚决不行。"

> 对话描写,表现王子要娶看守人的小女儿为妻的坚定决心。

"如果你不答应,我就永生永世不结婚。"王子态度十分坚决。

国王只有这个独生子,最后只好让步:"好了,我的儿子,既然你爱她,就娶她吧!"

王子送给未婚妻一份丰厚的彩礼:金银绸缎,奇珍异宝,琳琅满目。但是,他同时郑重地向看守人的小女儿宣布:"你要牢牢记住,如果有一天你的智慧超过了我,那一天就是我们分道扬镳的日子。"

她回答说:"一切听从你的安排。"

婚礼前夕,小女儿派人找来一位细木匠,定做了一口大箱子。大箱子有一人多高,箱盖上钻了好几个小孔。她用绸缎给箱子做了衬里,把嫁妆整整齐齐地放到里面,然后把它搬进了新房。

> 小女儿为什么要准备这口大箱子呢?为下文埋下伏笔。

婚礼那天,全体臣民高高兴兴,他们载歌载舞整整欢庆了七天七夜。国王大摆盛宴招待宾客。

王子和妻子一直相亲相爱,在王宫里过着幸福美满的生活。老国王去世以后,王子就继承了他的王位。

有一天,年轻的国王在朝廷上审理一个案件。有两个女人带着一个孩子,在公堂上争执不下。

一个说:"这孩子是我的!"

而另一个却说:"这孩子是我的!"

她们先是大吵大闹,后来竟互相揪着头发扭打起来。国王也被闹得束手无策。这事惊动了内堂的王后,引起了她的好奇心。于是,她问一个侍从发生了什么事。那侍从回答道:"两个女人在那儿争一个孩子,她们都认为孩子是自己的,互相扭打

> 两个女人争一个孩子,王后是怎样判案的?试着猜一猜。

着争抢孩子。陛下如今也不知道该如何去判这个案件。"王后想了片刻,然后说道:"请陛下在审案的时候,干脆告诉那两个女人,'我要把孩子劈成两半,你们每人各分一半'。这样,就能立刻判明谁是孩子的生母了。"

侍从跑到堂上,把这个判案的办法告诉了国王。国王转身对大臣说:"拿一把刀来,我们把孩子劈成两半分给她们吧!"

"啊，国王陛下，你的判决多么公正！"一个女人说道。"不，陛下！"另一个女人喊道，"国王陛下，请您不要杀死孩子，我宁愿放弃孩子，也不愿看见孩子被劈。"

于是，国王把孩子判给了那个要求不要杀死孩子的女人，说道："不愿让孩子死的，才是他的生身母亲。"

> 国王因为王后的智慧超越了自己，向她提出了分手。

退朝以后，国王来到王后面前，非常难过地对她说："你还记得在我们结婚那天共同定下的协议吗？我曾宣布过，'有一天你的智慧超过了我，那一天就是我们分手的日子'。"

她回答说："我记得的，但在我离开前，我有最后一个请求请你恩准，我们在一起吃最后一次午餐，然后我就离去。"

国王同意了她的请求，并慨然补充道："宫里的东西，凡是你心爱的都可以带走。"

> 王后把国王放进了那只备好的箱子里，运回了娘家。

她亲手准备了菜肴，趁国王不注意的时候，在里面放上了安眠药，然后把菜端到国王面前。国王毫无戒心，又吃又喝，结果昏睡过去。她把国王扶起来，让他躺在那只备好的箱子里，小心翼翼地把箱盖盖好。然后，她把随身侍从都叫来，宣布她要回娘家，小住几日。她命令侍从把那只箱子运到娘家去。这样，她就离开了王宫。一路上，她寸步不离那只箱子，生怕有一点差错。

到了娘家，年轻的王后立刻打开箱盖，亲手把丈夫移到床上，自己坐在床头耐心地等待他苏醒过来。

直到晚上，国王才睁眼醒来，惊奇地问道："我这是在哪儿呀？是谁把我带到这儿来的？"

她回答道："是我。"

他接着问："这到底是怎么回事？"

她面带微笑地答道："你还记得吗？你对我说，'看看你的身边，王宫里的东西，凡是你心爱的都可以带走'。然而，宫中没有任何东西比你更令我珍爱，这样，我就把你用箱子运来了。"

从此，国王和王后彼此更加心心相印。他们回到王宫过着幸福的生活，一直相伴到老。

王后用智慧和真情打动了国王，拯救了自己的婚姻，快快夸夸她吧！

乐行乐思

一个是深受国王宠爱的王子，一个是一贫如洗的市场看守人的女儿，是什么原因让他们能够结为夫妻，并且幸福地生活在一起的？

34. 翻 地

从前，有一个农民，他不是一个坏人，也未做过任何坏事，却被送进了监狱，你知道为什么吗？

原来啊，国王要钱打仗，就强行向百姓摊派捐款，挨家挨户搜刮钱财。国王的手下来到农民的家时，可怜的农民说："我一文钱也拿不出来啦，就剩下了这一块地，只能种种马铃薯什么的，穷得连饭也吃不起了。"

国王手下的人大笑起来。"别以为我们会相信你，"他们嚷嚷道，"我们听说你很富有，家里有一只祖传的金盆子呢。赶紧把它交出来！"他们搜查了屋子里的每一个角落，可是没有找到任何值钱的东西。那些人恼羞成怒，便逮捕了农民，把他投进了监狱："不交出金盆子就别想出去！"家里只剩下妻子一人，身体又不太好，更加没有力量耕地，家里的庄稼可怎么办啊？身处监狱的农民整天愁眉苦脸，唉声叹气。

农民蒙受不白之冤，被抓进了监狱。

一天，农民接到妻子写给他的第一封信。信中的内容果然和他担心的一样："春天就要来了，我真替我们的庄稼发愁啊。"农民悲伤地读着信，这怎么办呢？他想啊想啊，想出了一个好主意，不由得暗自笑了起来。他给妻子回了一封信："我的金盆

面对家里无人耕地种庄稼的状况，农民想出了什么办法？

就藏在地里，千万不要去翻地，没有我通知你，千万不要种马铃薯。"

农民请监狱看守把这封信转交给他的妻子。当然，监狱看守照例是要把犯人的来往信件一一拆开检查的。他们读过农民妻子的来信，现在又读了农民的回信，觉得自己发现了一个大秘密。一个看守嚷道："他果然有一只金盆，看来这个农民的确是个大富翁啊！哦，这件事太有趣了！"

"可他没说在哪块地里。这个农民有一大片土地呢。"另一个看守说。

"没关系！"第一个看守说，"反正我们已经知道金盆子藏在他的地里，还怕找不到吗？"

两周之后，农民接到他妻子写来的第二封信。"出了件稀奇古怪的事儿，两周前来了十个人，全都带着锄头，一来就开始挖地，把我们的地全都翻了一遍，后来又走了。看样子，他们似乎在寻找什么东西，我该怎么办呢？"

农民凭借自己的智慧让监狱看守替自己翻了地。读完这个故事，你想对他说些什么呢？

读着妻子的信，农民开心地笑了，他立即给妻子写了一封回信："我在监狱里不能回家，一直惦记着家里，现在没什么可担心的了。既然那些人已经替我们翻了地，那么我现在正式通知你，你可以种马铃薯了。"

从这个故事中，你明白了什么道理？

35. 神鸟加赫卡

从前，有个老渔夫，年纪大了，无法出海捕鱼，只能靠钓鱼来养活一家两口人，每天收获不多，总是吃了上顿愁下顿，日子过得很贫困。

外形、语言描写，体现神鸟加赫卡的美丽善良。

一天，老渔夫又在河边钓鱼，过了很久很久，才钓到了一条小鱼。老渔夫正低头叹息，天空中飞来了一只名叫加赫卡的神鸟。它又大又美丽，长长的尾羽在阳光下闪着金光。神鸟对他说："从今以后，我每天会给你送来一条大鱼，你去卖了，就可以不用再过贫穷的生活了。"老渔夫连连磕头，千恩万谢。

当天夜里，神鸟就飞来了，将一条很大很大的鱼扔在院子里。那鱼银鳞闪光，活蹦乱跳。第二天清早，老渔夫上街，卖掉鱼，得了不少钱。老渔夫和妻子终于吃了一顿饱饭。

守信的神鸟加赫卡让老渔夫过上了好日子。

神鸟加赫卡果真守信，每天在这个时间扔下一条大鱼。大鱼各式各样，老渔夫每次都能卖到好价钱。他再也不愁吃，不愁穿，还积攒了不少钱。老渔夫盖起了新房。夫妻俩住得好舒服。神鸟见老渔夫住上了新房，高兴地拍打着翅膀，发出了欢快的叫声。

神鸟还是每天飞来，丢下一条大鱼。老渔夫依然每天去卖鱼，卖了不少钱。

一天，老渔夫像往常一样到市场上去卖鱼，听见国王的侍从官在大声叫喊着传达国王的命令："谁能提供神鸟加赫卡的影踪，国王将把半个王国赐给他。"

"我知道！"老渔夫正想喊出口，但立刻咽了下去。他想没有神鸟加赫卡，就没有他今天的好日子，决不能出卖恩人。转念又想，要是能得到国王赏赐的半个国家，不是会有更多的钱吗，还可以住上大宫殿呢。到底是说，还是不说？老渔夫拿不定主意。他独自一人嘀嘀咕咕，站起来又坐下。渔夫古怪的行为引起了侍从官的注意，就带他去见国王。

老渔夫为什么会有如此古怪的行为呢？

原来国王生了一场大病后，双目失明了，任何药物都不能使他恢复视力。据说只要用神鸟加赫卡的血来擦一擦，就会重见光明。"你只要告诉我神鸟加赫卡在哪里，我一定会给你半个王国。"国王对渔夫说。

老渔夫看到豪华的王宫，尝到美味的食物，又听到国王说得如此肯定，再也没有丝毫犹豫，就把神鸟什么时候到家里来说了出来。

老渔夫见利忘义，出卖了一直帮助他的神鸟。

国王一听，顿时喜出望外，终于找到了神鸟的影踪，自己的眼睛马上就可重见光明了。他立刻命令，派兵捉拿神鸟加赫卡。

夜晚，老渔夫在院子里摆了宴席，等候神鸟的到来，国王的四百个卫士埋伏在老渔夫住房的四周。

神鸟又飞来了。老渔夫恭恭敬敬地说："亲爱的神鸟加赫卡，为了感谢您的大恩大德，今天特地设宴款待，请您尽情享

用吧!"

神鸟不知是计,丢下大鱼,飞落下来。老渔夫急忙抓住神鸟的双脚,高喊:"快来,快来!捉住了,捉住了!"四面伏兵应声而起,扑向神鸟加赫卡。

> 动作、语言描写表现老渔夫的忘恩负义、贪婪无耻。

愤怒的神鸟展翅升空,将渔夫也带上了。一个卫士连忙抓住老渔夫的腿。神鸟不断飞升,另一个卫士又慌忙抓住前一个卫士的腿。就这样,一个接一个,四百个卫士连成一长串。神鸟有神力,直上云霄。老渔夫渐渐地没了力气,一松手,他和四百个卫士全被重重地摔在岩石上,没有一个能再站起来……

做人不守信用,甚至伤害自己的恩人,结局当然是悲惨的。

  不守信用、恩将仇报的人是没有好下场的。你读过哪些诚实守信、知恩图报的故事呢?

36. 征服巨人的杰克

从前，有座村庄，村民们安居乐业，生活本来挺幸福的。有一天，不知从哪儿冒出来一个名叫科莫兰的巨人，住在村后的山洞里。这个巨人张牙舞爪，非常凶狠，他永远都感到饥饿，每天都要到村子里去抢劫，遇到什么抢什么，人、羊、鹅、猪、狗，一律不能幸免。

有个人运了一车萝卜去赶集，科莫兰就把他抓住，连人带马都一起吃了，甚至连马鞭子也嚼碎了吞进肚子里。

村民们个个都很害怕，他们服服帖帖地把自己的鸡和猪主动地送给他，恭恭敬敬地说："伟大的尊贵的科莫兰先生，请您尽情享用吧！"人们都向他鞠躬行礼，那虔诚的样子就别提了，脑袋都能碰到地！

> 巨人科莫兰的所作所为表现他的凶恶残暴。

科莫兰越来越凶残，胃口也越来越大。他要求村长每个月送三个村民供他享用。老人们为了保护自己的子孙后代，父母为了保护自己的孩子，都主动献上自己的生命。每到那一天，村子里哭声震天，无比凄惨。

如果不是一个名叫杰克的小孩子挺身而出的话，这个巨人科莫兰大概能活一千年，他能把你，把我，把我们大家统统吃光。

山庙里的故事源

> 杰克决心为民除害，他能成功吗？快快往下阅读吧！

杰克是个勇敢的孩子，看到科莫兰如此凶残，他下定决心，一定要惩罚这个巨人，把他的脑袋砍下来。

一天早上，当大家还在熟睡的时候，杰克就拿起一把铁锹，悄悄地来到了科莫兰居住的山洞，要在他的门口挖一口陷阱。

> 杰克在科莫兰居住的山洞门口挖陷阱，为后文做铺垫。

杰克挖土抛石的响声惊醒了巨人，"是谁在外面？"他喊了一声。

杰克根本没有理他，他藏到一个草丛里，等巨人睡着了再接着干。科莫兰在石床上翻了几个身，又打起呼噜来。杰克整整干了一天，到了晚上，终于挖成了一个比巨人还要大得多高得多的深深的陷阱。他用树枝把口盖好，又在上面撒上了一层雪。不仔细看，根本不知道这里有一个坑，还以为是一片平地呢。

在一切都完工之后，杰克退到一棵大树后，高声喊了起来："喂，科莫兰，起来受死吧！"

> 杰克故意激怒科莫兰，表现他的机智勇敢。

他往洞里掷了一块石头，正好砸在科莫兰的额头上。

巨人气得浑身发抖，这么长时间以来，从没有人敢惹它，到底谁这么大的胆子？他三步并作两步跑出了山洞，想抓住这个弱小的人类，先把他撕成碎块，再一口一口地把他吃掉。可是，他万万没有想到，刚一出门，一脚踩空，就掉入陷阱里，而且一落到底！

陷阱很深很深，他几次想爬上来都没有成功，每次刚爬到一半就又重新掉了下去，同时还要承受杰克的"石头雨"。起

140

初他还破口大骂，挥舞着拳头恐吓杰克，后来，他终于哭了，抱着满头紫包的大头颅向杰克求饶："我以后一定做个好人！保证不再欺负大家啦！"

科莫兰掉进陷阱里，被杰克砍下了脑袋。

"我不相信你！"杰克回答说，"你这个心狠手辣的杀人魔王，今天你是恶有恶报！"

杰克毫不留情地挥舞起铁锹，一下子就把科莫兰的脑袋砍了下来。

消息传到村子里，村民们一个个高兴得又蹦又跳。

"谢谢你，杰克，你为我们除了一大祸害！你是我们的大恩人！"青年人和老年人都异口同声地感谢他，拥抱他，亲吻他。

杰克为大家除去了大祸害，乡亲们都非常感谢他。

姑娘们送给他一条丝腰带，上面还绣着赞美的词句："最强大、最勇敢的杰克，征服了巨人科莫兰。"

杰克系上丝腰带，把大刀磨得特别锋利，决定出去游历全国，他还要去征服另外一些欺负别人的巨人。

在那些吃人的魔王中，最为狠毒的要数巨人勃兰德尔。他四处掳人，关在他的地下室里，折磨够了就把他们吃掉。邻居铁匠家的独生女儿，那个美丽的、长着棕黄色头发的少女，去年就被这个吃人魔王劫走，到现在生死未卜。

杰克一心想征服勃兰德尔，他四处寻找勃兰德尔的踪迹。他寻遍了森林，寻遍了原野，就是找不到这个吃人魔王。

春去夏来，赤日炎炎，有一天，杰克太疲劳了，就躺在一个阴凉的小沟里睡着了。这时候，正好勃兰德尔从他身边路

苦苦寻找吃人魔王勃兰德尔的杰克这次能征服这个恶魔吗？

过。他看到一个小孩子在沟里睡觉，就俯下身子端详了他一番。忽然，他看到这个孩子的腰带上绣着两行端端正正的大字："最强大、最勇敢的杰克，征服了巨人科莫兰。"

勃兰德尔自言自语地说："原来就是你杀死了我的亲侄儿，我一定要为他报仇！"

勃兰德尔是一个双头巨人，两个脑袋，一个小，一个大：一个是老头子的脑袋，一个是年轻人的脑袋。看见正在熟睡的杰克，一个脑袋就喊："应该把他放在水里煮！"另一个脑袋又喊："应该把他放在油里煎！"两个脑袋开始吵起架来。

"下水煮！"一个脑袋喊。

"用油煎！"另一个脑袋也毫不相让。

他们看到杰克被他们吵醒了，就连忙停止争吵，把自己装扮成好人，对杰克唱起了赞歌：

勃兰德尔的两个脑袋对杰克唱赞歌，表现他的阴险狡诈。

"亲爱的孩子呀，
我们多么爱你！
最软的床儿给你睡，
最美的衣服给你穿，
最甜的糖儿给你吃。"

唱到这儿，两个脑袋发出一阵狞笑，又一起唱道：

"吃完了我们再吃你！"

杰克被恶魔勃兰德尔抓了回去，他能顺利脱险吗？

他们还以为这最后一句杰克没有听见呢，他们哪里知道，杰克早就记在心里了。他心里明白，这个长着两个脑袋的恶魔勃兰德尔是想把他带回去再吃。

36. 征服巨人的杰克

杰克想逃，但勃兰德尔一把抓住了他的腿，把他塞到口袋里，回家以后，摸了摸他的脑袋，把他放在一张床上。

"晚安！"一个脑袋说。

"祝你做一个好梦！"另一个脑袋也说。

两个脑袋都客客气气地向杰克告辞了。杰克又听到在门外一个脑袋对另一个脑袋说：

"等这个小鬼一睡着，我就一棍子打死他，把他放到锅里去煮。"

"不行，得用油煎！"另一个脑袋喊了起来。

"不行，用水煮！"

"不行，用油煎！"

两个脑袋的意见不一致，而且谁也不肯让步。

杰克一骨碌爬了起来，在屋子里四处寻找能逃出去的地方。门紧锁着，窗户外面装着铁栏杆，真是一点办法也没有。他冥思苦想，终于想出了一个好主意。他从墙角扛来一根大木头，把它放在床上，盖好毯子，装成睡觉的样子，自己藏在炉子的后面。

没过多久，楼梯上便响起了巨人的脚步声，他的步子特别沉重，震得整个房子都在发抖。

门打开了，巨人手里拿着一根棍子，走到床前，用尽全身的力气砸了下来。床被砸得粉碎。他哪里知道，杰克正躲在炉子后面呢，安然无恙！

动作描写表现巨人的心狠手辣。

"我终于把这个孩子干掉，为科莫兰出了口气了！"巨人一边走下楼梯，一边高兴地自言自语，却没有想到要把门关上。

> 机智勇敢的杰克救出了被巨人关在地下室里的人。

杰克跟在他的后面悄悄地跑了出去。巨人回到自己卧室，往床上一躺就睡着了。杰克在他的枕头底下掏出了一把钥匙，上面写着"地下室"三个字。他拿着钥匙打开了地下室的门，里面关着十多个人，包括铁匠的女儿，美丽的、长着棕黄色头发的少女，她还活着呢！杰克放走了那些可怜的人，又回到自己的屋里，美美地睡了一觉。

早上，杰克睡醒之后，就去找巨人勃兰德尔。巨人看见他，不由得浑身直打哆嗦。

"你怎么还活着呢？"一个脑袋问他。

"你怎么没有死呢？"另一个脑袋也问他。

"我为什么要死呢？"杰克反问他们。

"我们不是在夜里拿棍子把你打死了吗？"一个脑袋说。

"是往死里打的呢！"另一个脑袋又补充了一句。

"小事一桩！"杰克笑了笑说，"这一棍子对于我来说根本无所谓，我还以为谁用老鼠尾巴给我挠痒痒呢！"

> 心理描写说明巨人十分害怕。

"他真是个大力士！"巨人心里想，"难怪他征服了科莫兰呢，在他面前，我的大棍子都成了老鼠尾巴了！我还是趁早躲开点吧，可别像我的侄儿一样把命也弄丢了。可是，往哪儿跑、往哪儿藏呢？"

"上阁楼！"一个脑袋说。

"下地窖！"另一个脑袋又顶了起来。

> 在逃命的关键时刻，两个脑袋还在争执不休。

"不行，还是上阁楼！"

"不行，还是下地窖！"

两个脑袋还是吵个不停，左脚上去一

步，右脚又下来一步，巨人的身子半天也没离开原位。这个巨人自己都不知道自己哪一个脑袋说了算。

杰克迅速地站到一把椅子上，举起大刀，用力一挥砍下了这两个脑袋。两个脑袋一起顺着楼梯往下滚，一边滚，一边还在喊：

"不行，上阁楼！"

"不行，下地窖！"

杰克用自己的勇敢和智慧战胜了巨人。读到这里，你想对他说些什么呢？

杰克征服了这个巨人，回到了自己的村庄。全村的男女老少都知道杰克又立下了新的功劳，大家都欢呼着，欢迎他胜利归来。大家又送给他一条丝腰带，上面绣着"最强大、最勇敢的杰克，征服了巨人勃兰德尔"。

最高兴的还是那个铁匠——美丽的、长着棕黄色头发的姑娘的父亲，他送给杰克一匹骏马。杰克骑上它，又到别的遥远的国度去了，他还要继续征服另一些凶恶的吃人魔王呢。

勃兰德尔的两个脑袋意见不一致时说的话，在故事当中反复出现，想一想作者这样写的用意是什么。

山庙里的故事源

37. 赌 马

有一天，一个贵族驾车外出，路上他看见一个农夫在耕地，拉犁的两匹马看上去气质不凡。贵族看看自己的马，顿时觉得他们一点不上档次，配不上自己的身份。

"你不想跟我换马吗？"贵族问，"你的马套我的车，我的马拉你的犁似乎更合适些！"

"也许你说得不错，不过，这事你就别多想了。"农夫拒绝了贵族的提议。

贵族不死心，一屁股坐到农夫身边，赖着不走了。最后，两个人商量出一个办法，他们决定打个赌，谁说谎说得好就能赢得对方的马。

猜一猜：贵族和农夫打赌，谁最终能赢得对方的马呢？

贵族很高兴，心想说谎是自己的拿手好戏，赢得农夫的马是毫无疑问的了。农夫很客气，让他先说。贵族倒不客气，张口就来："我父亲的大农场有七群母马，每天产的奶能倒满整整一条河，磨坊的七爿水磨全靠马奶做动力，周围七个镇的谷子都到那儿去磨。"

"这完全可能！"农夫一点儿也不怀疑，"听听我的吧！我父亲养了很多蜂，他活了五百多岁，认识他养的每一只蜂。有一次我放蜂回来，父亲一眼就发现，有一只蜂没有回家。他很生气叫我马上出去找，找不到就别回家。我找遍了世界的每一个角落，也没有找到，只好飞上天堂去找，可是翻遍了天堂，也没有见着。我不知它在不在地府里，我得到那儿去找找！于是我钻入地府，可是它也不在那儿，真是白费力气。我垂头丧气地转身回家，在路过一片桦树时，意外地发现了我的蜂。原来有个人的马被狼吃了，他正把我的蜂当马套上他的车，拉货物回家。我急忙叫道：'喂，大好人，对不起，别往车上套，那蜂是我的！'那人一句话也没有说就住手了。我把话说得很客气，我骑上蜂飞回家里，我爸那高兴劲儿就甭提了，这一点你是想象得到的。我还要跟你讲讲在天堂和地狱见到的事儿，特别是在天堂，我看见农夫们围着一张圆桌子，吃着美味，喝着美酒，谈笑聊天，无比幸福。地狱里全是贵族，像牲口一样被圈养着，魔鬼正把选中的贵族挑在铁杆上烤！"

农夫为了找到丢失的蜂，都去了哪些地方？

这时，那个贵族再也忍不住了，大声嚷起来："你撒谎！你撒谎！"

"我是在撒谎。"农夫平静地说，"那么，这个赌就算我赢了。"他马上牵过贵族的马，和自己的一起套在犁上。那个贵族想要骗农夫的马，结果自己的马也失去了。只好自己拉着车走回家去。

聪明的农夫用自己的智慧赢得了贵族的马。

读一读描写农夫语言的句子，看看农夫的智慧表现在什么地方。

山庙里的故事源

38. 敢与魔鬼比赛的人

收割干草的季节快到了,农夫们早就磨好了镰刀,准备大干一场。这一天,农夫们坐在酒馆里,一边喝酒,一边闲聊。其中一个叫普林汉斯的说:"到今天,我还没有见哪一个人割草能超过我的!除非是魔鬼。不,就是魔鬼,也比不过我!"他的酒友们赶紧拉住他坐下来说:"你别说这样的大话,魔鬼可不是好惹的!"可是普林汉斯的海口越夸越大,越说越悬:"就是魔鬼来了,我也敢跟他比试比试!"

第二天早晨,天刚蒙蒙亮,他走到自己的草地时,那儿已经有一个人了。那个人长着尖尖的鹰钩鼻子,眼睛瞪得像铜铃,手里握着把寒光闪闪的镰刀,满脸不屑地看着普林汉斯。普林汉斯想到自己说了几句大话,真的碰上了魔鬼。他吓得双腿直打哆嗦。

夸下海口的普林汉斯真的碰上了魔鬼,他十分害怕。

正当普林汉斯惊魂未定的时候,那个人开口了:"听说你昨天当众吹嘘,说什么割草比魔鬼还割得快!今天我就是来向你挑战的。我让你先割十三刀,要是我赶上你,你的灵魂将会属于我!"

普林汉斯想出了个什么好主意呢?快快往下阅读吧!

可普林汉斯也不是好惹的,他知道和魔鬼硬拼一定会输,得想个办法才行。他一边磨镰刀一边想主意,终于想出了个好办法。

他拿着镰刀径直走到草地的中心,魔鬼不明白他这是什么意思,就跟在他的后面。普林汉斯挥起镰刀绕着圈子割,魔鬼在后面紧紧跟随。圈子越割越大,在外圈的魔鬼每一圈都要比普林汉斯多割许多,于是距离越拉越大,魔鬼渐渐地落在了后面一大截。普林汉斯偷偷看了看这个可怜的魔鬼,只见他累得上气不接下气,豆大的汗珠成串地往下淌。他知道魔鬼肯定赢不了,就安闲地拿出磨刀石,磨镰刀。魔鬼一心想赶上他,于是就喊:"喂,再磨一会儿吧!"可是普林汉斯的镰刀磨过以后,越发锋利,割得越发快了。魔鬼终于累得筋疲力尽,扔下镰刀不干了。普林汉斯嘲笑地看着他,魔鬼又羞又怒化作一缕黑烟,钻入地面的裂缝中,不见了。

普林汉斯与魔鬼比赛中取得了最后的胜利。

敢于与魔鬼比赛的普林汉斯除了拥有勇气,还拥有什么呢?

39. 天使的考验

从前，有一家三兄弟住在一起。院子里有一棵梨树，树干有两人合抱那么粗，枝头果实累累。他们决定三人轮流看守。两人到地里干活，另一人留在家里照管梨树，以免梨树遭人破坏或者梨子被人偷吃。

一天，从天上下来一位天使，为了考验三个兄弟，他打扮成叫花子走到梨树旁。那天正是大哥看树，叫花子央求说："好心的人啊，看在上帝的面上，给我两个熟梨吃吧！"

天使是怎样考验三兄弟的？

大哥给了他一只梨，说道："这是我的那一份梨，所以分给你一个，其他梨是我兄弟们的。"

天使谢过大哥走了。

第二天，轮到二哥看树。天使又装扮成叫花子来讨梨吃。二哥说："你拿着，这是我的那一份梨，但其余的我不能再给你了，因为那些是我大哥和三弟的。"

天使又向老二道过谢后走了。

第三天，当天使来到小弟面前时，他也像两个哥哥一样做了。

又一天早晨，天使变成拄着拐杖的白发老人，来到三兄弟家里，对兄弟三人说："孩子们，请跟随我走吧，我给你们比看梨

三兄弟的大方、友善打动了天使。

树更好的工作。"

他们走着走着,来到一条大河的堤岸上。

天使先问大哥:"孩子,你有什么愿望?"

老大说:"如果这条河里装满了美酒,而我是它的主人该有多好!"

天使把手杖晃了晃,满河的水全变成了酒,酒香味四溢。

天使对大哥说:"你的愿望实现了,请你记住,成了富翁,不要忘记关心穷人。"

为大哥安排了做酒的生意后,天使带着另外两兄弟继续往前走。他们来到一处大广场,那里有很多鸽子在啄食麦粒,空中还有一群一群的鸽子在飞翔。

天使满足了大哥和二哥的愿望,并希望他们继续关心穷人。

天使对二哥说:"孩子,你有什么愿望?"

老二回答说:"如果把这些鸽子全变成绵羊,而我就是它们的主人那该多美呀!"

天使把手杖转了转,在空中画出了一条弧线,广场上立刻挤满了绵羊。

天使说:"现在你的愿望也实现了,你幸福而富有,我希望你以后能继续关心穷人。"

天使和小弟继续往前走。没走多远,他问小弟:"孩子,你也说说你的愿望吧。"

小弟悄悄地说:"我只有一个要求,我想拥有一位忠诚的妻子。"

小弟的愿望能实现吗?继续往下读。

天使说:"孩子!要实现你的愿望不容易啊。世界上只有三个忠诚的女人,她们中间有两位已经结婚,第三位是公主,

现有两位王子正在向她求婚。来，我们也到国王那儿去，看看上帝会不会帮你的忙。"

于是他们朝公主住的城市走去。经过长途跋涉，他们疲惫不堪地走进了王宫。

国王听了他们的请求以后，说："我还无法做出决定，这三位年轻人都很优秀，我真不知道该如何选择。"

天使说："把这个难题交给上帝来解决吧。"

国王说："这个主意好，但怎么办呢？"

天使说："剪手指粗细的三根树枝，交给公主，让她在每个树枝上分别写上求婚者的姓名，今晚把枝条插到花园里，明天早晨看哪个枝上能开出花来，公主就和那个枝上写名字的人结婚。"

国王、公主、两位王子和小弟都同意这个办法。公主剪下三根树枝，在上面写了三个求婚者的名字，栽到花园里。第二天早晨起来一看，有两根树枝已经干枯了，第三根生机勃勃，长出了绿叶并且开出了花朵，这根枝上写的是小弟的名字。国王不想违抗上帝的决定，只好遵守诺言，答应让公主同小弟结婚，并向女儿和女婿表达衷心祝福。

小弟如愿与公主结婚了。

一年之后，天使重新来到人间，想看看三兄弟现在生活得怎样了。他装扮成乞丐先到大哥那里，大哥正忙着做酒的生意。

天使说："老爷，也给我叫花子一杯酒喝吧。"

大哥叫嚷着："滚出去！如果我让所有的乞丐白白喝酒，那我自己也很快就要成为乞丐了。"

天使用手在地面画了一个十字架的记号，转眼间酒店、酒库和干活的工人全都不见了。这里和从前一样，流淌着一条宽广的大河。

天使怒气冲冲地说："金钱蒙蔽了你的眼睛，你忘了穷人，你还是回去看管你的梨树吧。"

被金钱蒙蔽了眼睛的大哥被天使变回了原状。

接着，天使又扮成乞丐去二哥那里，这里有许多工人正忙着将一只只绵羊、一块块奶酪搬上货车准备运送出去。

天使央求道："老爷，看在上帝面上赏给我一块干酪吧！"

二哥说："快滚开！像你这样的懒虫，我是不会给你干酪的。再缠着我，我就放狗去咬你。"

天使用手杖在地面画了一个十字架的记号。霎时间，所有的绵羊、奶酪、干活的工人统统消失了。这里和从前一样，圆形的大广场上，成群的鸽子在啄食。

金钱让二哥失去了善良，也让他失去了富有的生活。

天使生气地说："金钱让你失去了善良，你忘记了穷人，还是回去看护你的梨树吧！"

现在，天使来到了森林里，这里住着小弟和他的妻子。他们住在一间茅屋内，手头非常拮据。原来老国王死后，公主的弟弟继了位，把他们赶了出来。

天使仍然装扮成一个乞丐，他来到小夫妻面前说道："上帝保佑你们，我能从你们这儿得到些吃的并能在这儿过夜吗？"

小弟说："您可以在这儿住。但我们是穷人，这儿只有粗茶淡饭，只好用这些招待您。"

善良的小弟和他的妻子热心帮助装扮成乞丐的天使。

小夫妻俩为了让天使更暖和些，把他安排在火堆旁边。妻子端上三个人的晚饭，

山庙里的故事源

是用树皮磨成的面做成的饼，他们这样穷，连点白面都没有。妻子羞愧地说："我们很难为情，无法让你吃上白面饼。"

天使笑着说："不用担心，这样很好。"

他悄悄晃了晃手杖，树皮面饼变成了白面饼。小弟的妻子惊奇万分，她说："上帝呀，你真是魔力无穷。"她到附近的泉边去打水，当她把罐子里的水往杯子里倒的时候，清水变成了甜酒。她兴奋得热泪盈眶。小弟看到这些也感到愕然，但他什么也没说。

天使对他们的款待很满意。他说："你们没有忘记穷人，上帝会保佑你们。"

天使拿起自己的手杖，在地面画了一个十字架的记号。突然，茅屋不见了，就在那儿矗立起一幢高大的楼房，整个建筑富丽堂皇，奴仆走来走去，有条不紊地做着各自手里的活儿，把小弟和他的妻子尊为"主人"。

天使以老乞丐的模样来到他们面前，祝福他们说："因为你们的善良，上帝给了你们这所有的财产，只要你们肯帮助别人，这些财产就会在你们身边。上帝保佑你们！"

小弟和他的妻子过上了幸福的生活，他们总是热心帮助别人，当地人没有一个不夸他们的。天使经常变成各种各样的人，来考验这小两口，当然你们一定猜得到最后的结果是什么。

乐于助人的小弟和他的妻子播下了善的种子，品尝到了善的果实。

故事中的大哥、二哥没能经受住天使的考验，最终被天使变回了原状；而小弟和他的妻子经受住了考验，过上了幸福的生活。想一想：如果是你，你能经受住天使的考验吗？

山庙里的故事源

40. 幸福取决于什么

> 看了故事的题目，想必读者的心中也产生了好奇：幸福取决于什么呢？一起来读读这个故事，去故事中寻找答案吧！

一天，两个朋友为幸福取决于什么争论不休。

"当然是金钱！金钱才会带来幸福！"一个人叫喊起来，"这是用不着动脑筋多想的！你总知道我是怎样成为诗人的。当初我身无分文谁也不肯出版我的诗篇，后来我的姨妈猝然去世留给我一笔遗产，我用来出了那本诗集。从这以后，我的新作品不断问世。要不是姨妈的那笔钱，到现在也不会有谁晓得我是个诗人。"

"不对，是命运！"另一个人抢过话头，"命运决定一切。如今在意大利，我已经算是个著名的歌唱家。可在几个月前，还没有人愿意听我唱歌。我只能站在海岸上，对着鱼儿唱歌。幸运的是，露易斯伯爵那天恰巧乘船经过，他听见我的歌声，就邀请我到他为未婚妻举行的舞会上去表演。我也因此名扬四海。这和金钱有什么关系呢？命运，我的朋友，全是命运。"

> 幸福取决于什么？诗人和歌唱家各执一词，谁也说服不了谁。

诗人和歌唱家争了半天，也争不出个结果。

他们信步走去，来到城郊，望见一座破旧的小茅屋。有一个叫阿岱尔的小伙子，穿得破破烂烂的，坐在门槛上，弹着六弦琴。

诗人招呼小伙子："朋友，我看你生活得无忧无虑呵。"

"一个人明天就要饿肚子了，哪儿谈得上无忧无虑呵？"

"那你怎么还在弹六弦琴呢？"歌唱家问。

"这把六弦琴是我父亲留下的唯一遗产！"

诗人和歌唱家对望了一眼，他俩不约而同地认定，阿岱尔正是他们要找的人！关注阿岱尔的生活变化，他们就能判断出，金钱和命运究竟哪个更重要了。

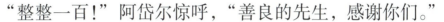
诗人和歌唱家想出什么法子来判断金钱和命运谁更重要的？

诗人和歌唱家各自从口袋里掏出五十枚小金币，送给六弦琴手。

"整整一百！"阿岱尔惊呼，"善良的先生，感谢你们。"

"先别道谢。一年以后，我们还要来看看，这笔钱到底是否对你有所帮助。"

看着他俩在大路拐角处消失不见，阿岱尔自言自语地说："我先得去买点香肠填充一下肚子，然后再好好考虑怎样使用这笔意外的钱财。"

他把钱币塞在软帽的衬垫里面，朝小食品店走去。

阿岱尔还没走满十步，忽然出了件闻所未闻的奇事：一只羽毛蓬松的乌鸦，从橡树枝头飞扑下来，伸出爪子，抓住阿岱尔的软帽，又冲上了半空。

阿岱尔装着钱币的软帽被乌鸦抢走了。

"我的钱！还我钱！"可怜的阿岱尔追着乌鸦大喊。

但是，乌鸦扑扇着翅膀，一转眼就不见了。

过了一年，诗人和歌唱家再次来到阿岱尔家，茅草屋更破旧了。他们用不着敲门，因为跟上一回一样，小伙子正坐在门槛上弹六弦琴。

两个朋友向他招呼:"你为何仍旧在拨弄六弦琴?"

阿岱尔垂头丧气地回答:"羽毛蓬松的乌鸦把我的幸运连同软帽一块儿抢走了,我有什么办法呢?"小伙子向他们讲述了这段伤心的经历。

"我不是早就说过了吗!"歌唱家对诗人说,"决定幸福或倒霉的是命运,乌鸦是喜欢在自己睡觉的那个窝里,铺着枝枝叶叶,垫上软绵绵的布头。可是为什么偏偏在阿岱尔刚把钱放进软帽的时候,乌鸦叼走他的帽子?这就是命运啊!"

"瞎扯!"诗人打断歌唱家的话,"如果乌鸦不把钱抢走,阿岱尔一定会因为这笔钱生活得舒舒服服。朋友,可见关键还是金钱。不信,你走着瞧!"

诗人说完这番话,又从口袋里取出一百枚小金币,送给阿岱尔。

阿岱尔激动地向两人连连道谢。两个朋友和他约定好一年以后再来看望他。

这次,阿岱尔把小金币藏在了哪儿?

这回阿岱尔学乖了。一年前他还没尝到香肠的滋味,钱就被乌鸦叼走了。这次,他把一枚小金币含在嘴里,其余九十九枚藏得稳稳当当以后才去小食店买香肠。你们猜,他藏在哪儿?嗨,藏进了扔在屋角的一只破鞋子里面啦!

"好了,这下子乌鸦也抢不去了!小偷也不会有兴趣偷这样破烂的东西。"他暗暗寻思,觉得自己这个办法想得实在巧妙。

不料,当阿岱尔朝小食品店走去的时候,闻所未闻的奇事再次发生了:邻家的一只猫溜进了茅屋,东翻西找,想找点吃的填饱肚子。自然,猫找遍全屋,什么能吃的东西也没找着。

恰巧有只小老鼠，突然从洞里蹿出来，猫追过去。小老鼠东躲西逃，钻进了破鞋子。对，就是阿岱尔藏钱的那只破鞋子。猫一拨弄，破鞋子翻了过来，小金币"哗啦啦"顿时滚落一地，小老鼠趁机溜进洞里去了。于是，那只无聊的饿着肚子的猫就用爪子又拨又推，玩着小金币，直到最后一枚金币掉进了老鼠洞。

阿岱尔精心藏的小金币全掉进老鼠洞里了。

当阿岱尔拿着香肠从小食品店回到家里的时候，他又穷得跟昨天一样了。

一年以后，歌唱家和诗人又来了，只见阿岱尔依旧坐在破茅屋的门槛上，弹着六弦琴。

"嗨，"诗人惊叫一声，"这太过分了！也许，你硬要让我们相信，第二次的一百枚小金币又叫乌鸦抢去了吗？"

"唉，"阿岱尔叹了口气，"善良的先生，我并不要你们相信什么，因为我自己也不知道钱到哪儿去了。"

"决定一切的是命运，而不是金钱。这下你应该深信不疑了。"歌唱家对诗人说。

诗人用没有金钱的阿岱尔只能弹六弦琴证明自己的观点是正确的。

"相反，"诗人说，"这使我更坚信，只有金钱能给人带来幸福。你看，没有金钱的阿岱尔只能弹他的六弦琴。我已经从反面证明了我的观点是正确的。但是，我已经不想再从正面来证明自己正确，因为花钱太多了。现在你来证实自己的观点吧。"

"我试试看！"歌唱家回答。

他在口袋里摸了一会儿，掏出一颗小铅球。"不幸的人，

> 山庙里的故事源

> 歌唱家交给阿岱尔一颗小铅球。这小铅球能给阿岱尔带来什么呢？继续往下读。

拿去吧！"歌唱家一边说，一边把小铅球交给阿岱尔，"也许对于你，这东西比钱还要有用处。"

两个朋友告辞离去了。

小球曾经在歌唱家的口袋里搁了很长时间，但在阿岱尔的口袋里搁得更久。直到有一天，阿岱尔肚子饿得实在受不了了，连弹六弦琴也不能消忧解愁，他这才想起了小铅球。

他把小铅球掏出来，放在手掌上，心里琢磨："卖掉吗？连一个铜板也不值呀。可既然造了出来，总有什么用处吧！"

忽然，阿岱尔拍了一下额头："我怎么没有早点想到！它可以做个挺好的坠子呀！"

他削了一根长长的竹子，找来一根柔韧的丝线，把一枚别针弯曲成小钩，把小铅球牢牢地坠在线上……过了个把钟头，阿岱尔已经坐在海边的大石头上钓鱼了。

> 阿岱尔有毅力，有恒心，钓到了鱼。

阿岱尔在岸边整整坐了一天，刚开始鱼儿仿佛故意考验他似的，怎么也不上钩。他决定跟鱼儿比比耐心。结果，他真的比赢了。

到日落的时候，鱼儿开始上钩了。年轻的渔夫刚钓到一条，又上来一条。鱼儿钓了那么多！小伙子用一半的鱼煮了满满一锅鱼汤，味道那个鲜哟，阿岱尔以前从未尝过。

第二天早晨，阿岱尔到市场上去卖掉了剩下的一半鱼。接着，他又回到海边钓鱼。

就这样，他每天钓鱼。半年以后，他拥有了一张网。又过了半年，他买进一条小船，成了个真正的渔夫。

诗人和歌唱家忙碌得很，早就把弹六弦琴的穷小伙子完全给忘了。他们一个朝西，一个朝东，出去游历采风，寻找灵感。等到两个人在家乡重新相遇，已经是五年以后了。于是，他们想到了阿岱尔，决定去看望他一下。

两个朋友来到老地方。破旧的茅屋不见了，眼前立着一幢很漂亮的房子。有两个小孩儿在房子前嬉戏打闹，一位年轻的女主人站在门口，含笑望着孩子。

五年后，诗人和歌唱家来看望阿岱尔，这次，他们看到了什么？

两个朋友走上前去，向年轻的妇人打听："请问原先住在茅屋里的弹六弦琴的阿岱尔搬到哪儿去了？"

妇人转身朝房子里去喊："哎，孩子他爸爸，有两位高贵的先生来找你。"

房子里有人应声走出。两个朋友一看，并非别人，正是阿岱尔，就急着询问他的经历。阿岱尔让他们坐下，从头至尾讲给他们听。开头那一部分我们已经知道了，就来听听还不知道的那部分吧。

"……两位好心的恩人，就这么着，我有了小船和渔网，成了真正的渔夫。后来，柔安娜爱上了弹六弦琴的我。我呢，自然也爱上了她。总之，我们要结婚了。可我不能让心爱的妻子和未来的孩子住进墙歪壁倒的茅屋哇。我们打算用积蓄在原来的地基上造一幢新房子，就动手拆掉茅屋……现在请仔细听，亲爱的先生，接下来发生的闻所未闻的奇事跟你们有很大关系。在旧烟囱上面我发现一个废弃了的乌鸦窝，窝里有一顶软帽，帽子里有一百枚小金币。"

阿岱尔在拆茅屋的时候居然发现了他丢失的小金币。

阿岱尔跑进房间，取出一顶软帽，里面的小金币在叮当作响。"我非常高兴，终于能够还掉这笔旧债了。"他还给歌唱家和诗人每人五十枚金币，接着又把故事讲下去。"更神奇的是拆地板的时候，在墙角的老鼠洞里，又找到九十九枚小金币。有一枚小金币当时我拿去买了香肠，现在我把这缺了的一枚补上。"

阿岱尔把金币还给了诗人和歌唱家。

阿岱尔的妻子就去拿来一个扎得很牢靠、做得很好看的钱包。阿岱尔接过去，交还给诗人。"至于那个小铅球，让我留作纪念吧。"他说。

阿岱尔刚一讲完，两个朋友再次为"幸福取决于什么"那个老问题争论起来。

"命运！"歌唱家叫喊。

"金钱！"诗人声音比他的朋友更响。

争来争去，各人又回到了原点——什么姨妈的遗产啦，著名的露易斯伯爵的支持啦，谁也说服不了谁。

阿岱尔听着听着，也参加了辩论。

阿岱尔认为幸福取决于什么呢？

"请允许我也说说自己的看法。金钱是重要的，命运也是重要的，不过我认为，最重要的是劳动和毅力。诗人先生，姨妈的遗产也许真的帮了您的忙，然而更重要的是，您虽然多年穷困潦倒，默默无闻，却一直坚持写诗，从来没有停止过。歌唱家先生，露易斯伯爵帮您扬了名，然而更重要的是，在那个幸福时刻到来之前，您一直坚持练唱，从来没有放弃过。至于我呢，我今天所拥有的一切，都是靠着双手辛勤劳动的结果。"

歌唱家和诗人沉思片刻，不约而同地脱口喊出：
"以圣母的名义发誓，阿岱尔的话完全正确！"

  阿岱尔在辩论最后说的话让歌唱家和诗人都非常赞同。仔细读一读他的话，品味其中的含义吧！

41. 神奇的魔水

村子西头住着一对老爷爷和老奶奶，年轻时，他们一直相亲相爱，你关心我，我关心你，是人人都羡慕的恩爱夫妻。可到了晚年他俩变了，每天早晨一睁开眼睛就开始吵架。老头子说老婆子一句，老婆子就要回两句；老头子说两句，老婆子就要回五句；老头子说五句呢，老婆子就要回十句。他们天天吵得不可开交，你若是去给他们评个理儿，就会发现，都是些鸡毛蒜皮的小事，说不出谁对谁错。有一天，老头子说："咱们这是怎么啦，老婆子？""都怨你，都怨你！"老婆子说。"得了吧，怨我？不怨你？""才不怨我，怨你！"于是他俩又吵个没完。

一天，一个邻居大婶对老婆子说：

"你跟你老头儿怎么啦，怎么总吵架？村东头树林里住着一个老女巫会念咒，她念过咒的魔水说不定能帮你！"

老婆子也不想两个人一天到晚总是吵吵闹闹的。真的跑去敲开了村东头树林里那老女巫的门，对她说明了来意。那老女巫说："你等一会儿！"

老女巫进屋去端出来一大瓢水，当着老婆子的面叽里咕噜念了一大段咒语，接

> 开头交代老爷爷和老奶奶天天吵架，为后文作铺垫。

> 老女巫念过咒的魔水真的能帮助老婆子吗？

着把水倒进一个玻璃瓶里，递给老婆子，嘱咐她说："你回家去，等你老头儿吵起来的时候，你马上喝一口魔水含在嘴里，不吐出来也不咽下去，直到他不说了为止……保准灵！"

老婆子谢过老女巫，把魔水拿回家去了。刚进家门，就听见老头子在嚷嚷："这个该死的老婆子，整天出去磨嘴皮子！也不知道回家烧茶水，想要渴死我呀！"

"该死的老……"老婆子嘴里刚冒出几个字，忽然想起了老女巫的叮嘱。她立刻从玻璃瓶里喝了一口魔水含在嘴里，不吐也不咽。老头子看老婆子不搭他们的话，就不往下说了。老婆子高兴地想：这魔水还真灵！

老婆子将魔水含在口中，果然见效了。

老婆子把那瓶魔水放好，连忙去烧茶水，弄得烧茶水的小烟囱呼呼直响。老头子听见了，说："这么大的年纪还不会烧茶水！笨手笨脚！"

老婆子本想回敬两句，忽然想起老女巫的嘱咐，立刻又喝了一口魔水含在嘴里。老头子又没听见反应，觉得奇怪，也就不往下说了。就这样，老头子一吵，老婆子就含一口魔水。老头子见老婆子每次都不和他吵，自己也觉得很无趣。一段时间以后，老头子就不再和老婆子吵架了。

从那以后，老两口又像年轻的时候一样恩恩爱爱地过日子了，人们见了都羡慕不已。这老女巫的魔水还真神呢。

乐行乐思

老女巫的魔水帮老两口和好如初。读了这个故事，你有什么想对他们说的呢？

山庙里的故事源

42. 国王的奖赏

从前有位国王，在一次国内巡游中丢失了一枚戒指。这枚戒指上刻有他的名字，是很重要的信物。国王回到王宫，就立刻命令通告全国臣民：谁要是找到了国王的刻名戒指，国王绝不吝惜金银，一定赏给那人一笔巨额的奖金。

有个兵士很幸运，捡到了那枚戒指。他手握戒指暗自思量："现在我该怎么办？如果拿到部队里交给长官，戒指就会从下级长官传到中级长官，又从中级长官传到高级长官，这样下去什么时候才会到国王手里？戒指在别人手上转来转去，谁会告诉国王是我捡到了戒指呢？最后我岂不是落了一场空！我还是亲自到皇宫去一趟好些。"

心理描写，表现兵士的考虑周到。

于是，兵士带着戒指直接到皇宫去了。

宫门的卫兵用刺刀挡住了他，大声喝问："干什么的？"

"大人，我找到了国王的刻名戒指，想亲手交给他。"

卫兵收起刺刀让他进去了。

兵士走到卫队长跟前，卫队长也拦住了他："你干什么？"

兵士回答说："大人，我找到了国王的戒指，想亲手送还给他。"

宫门的卫兵和卫队长知道兵士进宫的原因后，都让他进去了。

42. 国王的奖赏

卫队长让他进去了。

兵士走到国王的宫殿跟前，又被一个大臣拦住了。那位大臣衣服华丽，满身挂着金光闪闪的勋章，看上去狂妄自大，不可一世。

"你怎么敢跑到这儿来了？"大臣问道。

"大人，是这么回事，我找到了国王的刻名戒指。"

"把它呈上来，我来转交。"

"不！"兵士说，"不行，我要自己亲手交给尊敬的国王陛下！"

"我是他最宠信的大臣！"

"我可不想和你争论这点，我只想把戒指交给国王陛下就行！"

勇敢执着的兵士毫不畏惧大臣的恐吓。

大臣气得暴跳如雷，大声斥骂兵士。可是，兵士说什么也不肯把戒指交给他。大臣眼见恐吓没用，就说："好吧，我带你去见国王陛下，不过有一个条件，国王陛下给你的任何奖赏，要分一半给我！"

大臣要求兵士把国王的奖赏分一半给自己，表现他的贪婪无耻。

"奖赏不会太多吧？"

"很多。这辈子你也不会见过这么丰厚的奖赏。你这没见过世面的乡下人。"

"嘿，我的运气真好！"兵士想道，"既然这样，分一半给他也行！"

"可以。"兵士对大臣说，"就按照你说的办吧，我把国王的奖赏分一半给你，请把我们的约定写成字据吧！"

大臣十分满意，自言自语地计算着又有多少金子会到口袋里来。他拿起笔就写了张字据交给兵士，然后带着兵士去觐（jìn）见国王。

山庙里的故事源

国王从兵士手中接过了自己的刻名戒指，感激地说："兵士，谢谢你捡到我的戒指，我的承诺是神圣的，你将得到一笔巨额的奖赏。"

他把自己的司库叫来，对他说："赏给这位诚实的兵士一千两黄金！"

司库呈上钱财，可是兵士拒绝收下，说："我不需要这种奖赏。"

兵士不肯要黄金。他想要什么作为奖赏呢？继续往下读吧！

"你想要什么奖赏？"

"请国王赏给我一百棍。"

"嗯，打一百棍？莫非你疯了不成？"

"我没有疯，尊敬的国王陛下，这是我最想得到的奖赏。"

国王不想和兵士争论，就命人把棍子拿来。

兵士解开制服上所有的纽扣。解完了纽扣，他迟疑了一下，说："这恐怕不太妥当……"

"怎么不妥当？"

"我先领国王这份奖赏不太妥当，应该让我的同伴先领。"

"兵士，这是怎么回事，你解释一下！"国王很奇怪。

"我还有个同伴呢。"

"什么同伴？"

兵士向国王请求让自己的同伴先领"奖赏"。

"就是他！"兵士指着一旁的大臣说，"他向我勒索您赏给我的一半奖赏，要是不给他，他就不让我见您。"

"他完全是胡说八道。"大臣跪倒在地，叫了起来，"陛下，请您明察，我没有向他勒索过任何东西！"

兵士拿出字据给国王看，国王笑了起来，说："聪明的兵士，你想得真巧妙！那么，把我的奖赏分给你的同伴一半吧！"

大臣不敢再争辩，卫兵们把他按在地毯上，用棍子痛打，兵士在一旁替他计数。数到五十棍时，他说："陛下，我不是一个贪心的人，您的大臣应当分得更多一些。这样吧，我愿意把属于我的另一半也送给他。"

"嘿，你倒是个好心人！"国王说，"行，就照你说的办吧。"

国王命令再打大臣五十棍。

贪心的大臣一人独得了这笔特别的奖赏。兵士带着国王另外奖赏的一千两黄金离开了皇宫。

结尾大快人心！

读了这个故事，你觉得兵士的聪明表现在哪里？

43. 神秘口哨

特拉扬是一位国王，他有一支庞大的军队，统治着一个很大的帝国，住在豪华的宫殿里，拥有数不清的财宝。但是，尽管这样，他生活得并不愉快。为什么呢？因为他头上长着两只又尖又长的鬼耳朵。国王特拉扬精心设计了一顶帽子，把耳朵藏在里面，不让人看见。但是有一个人能看见——他的理发师，因为国王不能不理发。每当新的理发师（每次都是新的）给他理完发，国王就问道："你看到什么了，理发师？"理发师怎能不为他的尖耳朵惊奇呢？总是说："我看见你长着两只鬼耳朵，陛下。"因为国王怕他的丑事传遍全国，成为大家的笑料，于是，他立刻把这个理发师杀掉。就这样，凡是被叫到王宫去的理发师没有一个能回来的。

很长时间以来，人们都羡慕这些下落不明的人，还以为他们住在王宫里做了国王的私人理发师呢！但是，后来人们开始猜疑起来：为什么那么多的理发师进了王宫，没有一个人回来？难道国王要征召一个理发师的军队吗？慢慢地人们才明白过来，这些不幸的理发师一定是被杀掉了。这种猜测一传十，十传百，全国的理发师都害怕起来，他们吃不下饭，睡不着觉，

> 国王害怕理发师泄露自己的秘密，就把他们都杀掉了。

> 国王的这一举动让全国的理发师都担惊受怕。

整天担心国王会找到自己。在这个国家里,甚至给人留下这样一种印象:如果谁在街上遇见一个脸色惨白而又哀伤的人,大家便猜他一定是个理发师。

理发师是喜欢唱着愉快的歌逗乐的,他们都有一副好嗓子,但现在,再也听不见他们的歌声了。原来热闹的理发店,现在变得死一般寂静。尽管有的理发店并没有一个理发师被国王召去,但他们都担忧自己的命运。

一天,灾难落在一个老理发师的头上,国王的卫士找上门来。他不愿去王宫送死,就躺在床上装病,他装得可真像呢,从头到脚都在发抖。他的理发店里有一个年轻的徒弟。这个年轻人不顾生命危险,要替师傅进王宫。年轻人也清楚,去了就很难活着回来,这个年轻人非常聪明,他决定想尽一切办法挽救自己的生命。

年轻的徒弟主动替师傅进王宫,他能躲过杀身之祸吗?

他走到国王面前。国王看着他皱了皱眉头,说:"你就是那个理发师吗?太年轻了!"

"我是他的徒弟,仁慈的陛下。我的师傅得了可怕的疟疾,他现在躺在床上不能起来。"年轻人一边回答,一边从背包里拿出剃刀和剪子。

国王坐在椅子上,让年轻的理发师为他理发。这个年轻人心灵手巧,再加上十分小心,所以动作很轻很轻,国王不一会儿就打起盹来,当他看到国王有一对又高又尖的鬼耳朵时,他着实吃了一惊。当他理完发开始收拾东西的时候,国王疑心地看了他一眼,严厉地问他:"你理发的时候看见什么了,小伙子?"

"没看见什么,尊敬的陛下。除了你端正的五官以外,我

山庙里的故事源

> 面对国王的质问，年轻人机智应答，保住了自己的性命，还得到了金币。

什么也没看见。"年轻人回答。

国王听了很高兴，给了他十二个金币，并告诉他下次再来。

年轻人回到家里。师傅看见他回来，非常惊讶！他忽地从床上坐起来，问他的徒弟："你是怎么回来的？国王为什么没杀你？"

"没什么。"年轻人回答。

"你给国王理发了吗？理完发又怎么样了？"

"我就像您教我的那样给国王理了发，他看起来很高兴，给了我十二个金币，还告诉我下一次再去。"

师傅很想知道王宫里的情况，问他国王是什么样子，穿什么衣服，还问了许多别的问题。年轻人如实地回答了所有的问题，但只有一点他没有讲：他没敢提国王的鬼耳朵。

> 藏在心底的秘密折磨得年轻人寝食难安。

从那以后，年轻人经常去给国王理发，每次都得到十二个金币的奖赏。国王很喜欢他，但年轻人却越来越觉得可怕。这个秘密闷在他的心里，从来不敢向任何人吐露一个字。他整日忧心忡忡，但是，不知为什么，只要眼睛一闭，那对鬼耳朵就出现在他面前。别的理发师不再为自己的命运担忧了，渐渐变得健康而欢乐起来。这个可怜的年轻人却越来越消瘦，他吃不下，睡不着，像生了大病一样。

他的师傅看到他一天天消瘦下去，心急如焚，就问他，是什么事情使他苦恼。

"没什么，师傅。"年轻人难过地回答。

师傅放心不下，一再追问。

43. 神秘口哨

最后年轻人说:"师傅,我告诉你真实的情况。有一个秘密严重地折磨着我的心灵,但我不敢向任何人吐露半点。如果我说出去,我就活不成了;如果我不说出去,我便永远不会快乐起来,直到我死去。"

年轻人说完,愁苦地望着善良的老师傅。

师傅想了一会儿,说:"你可以告诉我吗?我保证替你保密,直到我死。"

年轻人不敢向任何人吐露秘密。

年轻人痛苦地摇摇头。眼泪吧嗒吧嗒掉下来。

"如果你不愿告诉任何人,还有一个办法也许对你有帮助。你可以走出城去,到旷野里,在地上挖一个坑,挖得深深的,然后把头伸到坑里,对着大地把你的秘密说三遍,再用土埋起来。这样你就说出了心里的秘密,而大地是肯定不会泄露秘密的。"

师傅最终建议年轻人向谁说出心中的秘密?

年轻人听了师傅的话,决定去试一试。他走到田野里,挖了一个小小的坑,看看周围,除了高高的天空、静静的大地和他自己以外,一个人也没有。他趴到坑里说了三遍:"国王长着鬼耳朵!国王长着鬼耳朵!国王长着鬼耳朵!"说完以后,他把坑填平,高高兴兴地回家了。

过了几个星期,年轻人挖坑的地方长出一棵大树来,树干又高又直,树枝遮天盖地。一个放羊的孩子走过那里,从树上折下一根枝条,用手拧动了枝条的外皮,抽去中间的木心,做成一个管形的小哨子,放在嘴上一吹,竟然发出一个非常清晰的声音:"国王长着鬼耳朵!"

其他孩子听了，都觉得很奇怪，以为吹小哨的孩子会变戏法呢！他们抢过小哨自己吹吹，也能发出同样的声音："国王长着鬼耳朵！"孩子们每人都折了一根枝条，一会儿就做了许多小哨子。

> 全国上下都知道了国王长着鬼耳朵这个秘密。

晚上，孩子们赶着羊群回到城里，他们一边走，一边吹，街上到处都响着这样的声音："国王长着鬼耳朵！"没到天黑，全城的人都知道国王长着鬼耳朵。不出三天，全国上下都知道了这个秘密。

国王听说这件事，气得跳了起来，命令卫士赶快把那个年轻的理发师找来。年轻人一进门，国王就吼叫着问他："你说了我的什么坏话？你这该死的家伙！"

"没说什么，仁慈的陛下。"年轻人回答。

> 气急败坏的国王想杀掉泄露了他的秘密的年轻人。

"好大的胆子！你竟敢在我面前说谎！你把我的秘密告诉了每一个人，现在全国上下都在议论这件事！"想起人们对他的耻笑，国王更加暴怒，他抽出腰刀在空中一挥，要把年轻人杀掉。

年轻人急忙跪下对国王说："饶恕我吧，仁慈的陛下。你的秘密我并没有告诉任何人，我只是告诉了大地……"年轻人把挖坑讲秘密的事说了一遍。

国王听了年轻人的叙述，将信将疑。他带着年轻人和几个卫士，坐上马车要到田野里去看看。

当他们走到大树跟前的时候，树上只剩下一根枝条了——所有的枝条都让人折去做了口哨。国王命令一个卫士折下那根枝条，做成个哨子吹给他听，真的发出了一个清晰得像是年轻人的声音："国王长着鬼耳朵！"

国王从卫士手里夺过口哨,放在自己嘴上一试,还是同样的声音。他气得把口哨狠狠地扔在地上,摇着脑袋叹息道:"唉!世界上什么丑事都是瞒不住的。"

国王终于明白了:丑事是瞒不住的。

故事中的哨神秘在什么地方?为什么会这么神秘呢?

山庙里的故事源

44. 最好的老师

从前，一个樵夫有两个儿子，他每天到森林里去砍柴时，只带一个儿子去。他自己砍，儿子帮他点忙。儿子长大后，樵夫对他们说："孩子，现在该是你们自己去森林砍柴的时候了，我在家休息。"

孩子疑惑地说："爸爸，要是我们的大车突然坏了，谁来修呢？"

"孩子，要是你们弄断了车把，或者发生别的什么事，不要怕，'需要'会教会你们一切的！"

两兄弟听了父亲的话，到森林里去了。青年人手脚很快，他们砍的柴比父亲要多，然后把柴火装上车回家。但车把在半路上断了，两兄弟从大车上爬下来，叫道："'需要'，请你来修车子！"

他们叫啊，叫啊，天已经黑了下来，而"需要"还是没有来。

这时，小兄弟说："这个该死的'需要'不来！我们是不是应该自己修理？"

老大回答说："也许'需要'走得很远了，听不见了，我们俩一起用尽力气喊！"

他们直着嗓子又喊了起来，直喊到喉咙哑了，"需要"还

> 樵夫告诉孩子们遇到困难时，"需要"会教会他们一切的。

> 车把断了，两兄弟从白天喊到天黑，喉咙都喊哑了，"需要"出现了吗？

是没有来。小兄弟又对哥哥说:"你看,天已经暗了!也许我们白喊了!不知道这个'需要'是否会修车子?"

于是,兄弟俩只好自己动手修了,一个执斧头,另一个拿刨子。一、二,一、二,敲敲打打,他们竟然自己修好了大车!

> 兄弟俩自己修好了大车。

他们回到家后,父亲问:"孩子,你们是怎么回来的?"

于是,他们把路上的经过原原本本地告诉了父亲:"爸爸,半路上车把断了。我们叫这个该死的'需要',喉咙都叫破了,可他还是不来。后来,我们就自己拿起斧头、刨子,动手修车子。"

"嘿!孩子!"父亲说,"这就是'需要'呀!你们需要它,但没有人会帮助你们,只能靠你们自己。所以说,'需要'是最好的老师!"

乐行乐思

故事的结尾,父亲说:"你们需要它,但没有人会帮助你们,只能靠你们自己。所以说,'需要'是最好的老师!"想一想:父亲的话有什么含义?

1. 解标。看《争当"最美乐读者"》，了解面试的基本标准和操作方法，并从"正确、流利、有感情、有个性"四个方面理解具体的评价要求。

2. 范评。学生讲述自己充分准备的精彩故事，由老师从四方面逐一做示范、点评、打分。

3. 共评。请一位学生抽签讲述故事，老师引导同学们对照标准进行共同评价、打分。

4. 试评。分学习小组尝试对本小组里某一个组员进行面试，组长主持，其他人当考官。

自测练习

姓名：_____ 自我评价：_____（优秀　良好　加油）

一、读故事，猜人物。

1. 他为人忠厚老实，临别时没能听出祝英台的屡次暗示，由于错过去祝家提亲的时间，得知祝英台被许配给马家，抑郁而死，最后与祝英台双双化为蝴蝶。（　　　）

2. 她女扮男装，替父从军，在战场上英勇善战，屡建奇功，十二年后，凯旋的她不要任何功名利禄，只要了一匹骆驼骑着回乡服侍父母，伙伴们最后才知道她是个姑娘家。（　　　）

3. 他是刘备手下的一员猛将，为了帮他改掉毛病，军师诸葛亮让他在一夜间数清一升芝麻，他最终完成了这项任务，被赞粗中有细、有勇有谋。（　　　）

二、选择题。

1. 下列说法不正确的一项是（　　　）。

A. 孟姜女得知丈夫范喜良修长城累死了，悲痛欲绝，哭倒了几百里的城墙。

B. "东坡肉"是苏州的一道招牌名菜，老百姓为了感激和怀念苏东坡，就把这道菜一代代传了下来。

C. 财主莫海仁花重金请来三个秀才，装了满满一船歌书来与刘三姐对歌，结果失败逃走。

D. 黄巢为了感谢老人救了自己，就让老人在正月十五起义军攻城那一晚将红灯笼挂在房檐上。

2. 八仙过海时，因为（　　　），八仙与龙王太子打了起来。

A. 八位仙人拿出自己的宝物，让船加快速度，让龙王太子十分嫉妒

B. 八仙观赏海景时，与龙王太子发生了冲突

　　C. 蓝采和把自己的快板抛入水中，被龙王太子偷走了

　　D. 韩湘子的仙笛被龙王太子抢走了

　　3.《才智小女神》中，国王认为王后的智慧超过了自己，要求和她分手，王后在离开王宫时带走了（　　）。

　　A. 大量的金银财宝

　　B. 自己最喜欢的衣服和首饰

　　C. 自己最心爱的丈夫

　　D. 她入宫时带来的嫁妆

三、判断下列说法是否正确，对的画"√"，错的画"×"。

　　1. 小多吉坚持不懈地寻找能给穷人带来光明和幸福的太阳，表达了劳动人民对幸福生活的期盼和追求。　　　　　　　　　　（　　）

　　2. 被抓进监狱的农民机智地让监狱看守帮自己翻了地，然后他通知妻子可以种麦子了。　　　　　　　　　　　　　　　　（　　）

　　3. 在《幸福取决于什么》中，阿岱尔对歌唱家和诗人说："金钱是重要的，命运也是重要的，不过我认为，最重要的是劳动和毅力。"
　　　　　　　　　　　　　　　　　　　　　　　　　　　　（　　）

四、综合运用。

　　五(2)班同学开展了民间故事综合性学习活动。

　　活动一：将下列故事与主人公、人物特点连一连。

　　《鲁班学艺》　　　　白娘子　　勇敢无畏、为民造福

　　《白蛇传》　　　　　鲁班　　　为人诚实、憨厚正直

　　《日月潭的传说》　　樵夫　　　追求幸福、勇于牺牲

　　《金斧子》　　　　　阿巴里　　勤学苦练、坚持不懈

　　活动二：选择民间故事中自己最喜欢的一个人物，为他设计一张名片。简要介绍他的故事，用上恰当的词语评价这个人物。

姓名：_____　　身份：_____
出自哪个故事：_____
故事情节：_____
_____
_____
人物评价：_____
_____

活动三：班里要举行民间故事会，请你以主持人的身份写一段开场白。

_____
_____

活动四：讲民间故事时，可以大胆想象，为故事增加合理的情节。你能发挥想象，把下面的情节说得更加具体、生动、有吸引力吗？

沉香立即赶回华山，来到黑云洞前。只见他抡起神斧，猛劈过去。只听得轰隆隆一声巨响，华山裂开了。受了整整十三年苦难的三圣母重见天日，和儿子紧紧地拥抱在一起。

（1）适当添加事物描述。重见天日的三圣母看到的周围环境是这样的：_____
_____

（2）适当添加语言描写。三圣母看到了沉香时会说：_____
_____

五、阅读片段，完成练习。

半路上，有一株枝长叶茂的大榕树。以前，长发妹经过这里，总坐在树下的石块上乘凉。

现在，长发妹走到树下，摸一摸树干，说："大榕树啊，以后我不能再来你下面乘凉了！"

忽然，大榕树后走出一位高大的老人，长着绿色的头发、绿色的胡

子，穿着一身绿色的衣服。他说："长发妹，你去哪里呢？"长发妹叹了一口气，低着头不出声。

老人说："你的事情我已知道了。你是好人，我要救你。我凿起一个石头人，像你一样。你来大树后面看吧！"

长发妹转到大树后，看见有一个大石头凿成的石姑娘，很像自己，只是没有头发。

长发妹呆住了。

老人说："山神要你躺在悬崖上挨水冲，这苦可受不了呀！我把这石头人扛到悬崖上，让石头替你受刑。可石头人只缺少长长的白头发。小姑娘，你忍受一下疼痛，我把你的白头发扯下来，安在石头人的头上。这样，山神才不会疑心。"

老人扯下长发妹的头发，一绺一绺地安在石头人的头上。说也奇怪，一安上头发就生了根。

长发妹的头发没了，石头人的头上却长满了雪白的头发。

老人笑笑地说："姑娘，你回家吧，这村里的田地有水了，以后村上人的生活会慢慢好起来的！"说完，他扛起石头人，飞快地朝陡高山跑去。

绿衣老人扛着白头发的石头人，走上陡高山，走到悬崖边。他把石头人放在悬崖上，让急流的泉水冲着。泉水冲在石头人身上，顺着石头人的头发流下山来，长长的，白白的。

啊！白发水！白发水！

1. 这个片段选自民间故事《_____》，故事的主人公长发妹因为_____，将要受到山神严厉的惩罚，就在这时，绿衣老人用石头人代替长发妹，瞒住了山神，救了长发妹。

2. 绿衣老人救长发妹是因为（　　）。

　A. 长发妹经过大榕树时，总坐在树下的石块上乘凉

　B. 长发妹是个好人，她冒着生命危险将山泉的秘密告诉了乡亲们

　C. 绿衣老人和山神有仇，他帮助长发妹是为了报复山神

3. 民间故事充满神奇的想象，找找选段中让你觉得不可思议的情节，

用波浪线画出来。

  4. 用长发妹的口吻讲述画横线的句子。

_____

_____

争当"最美乐读者"

整本书读完，同学们要积极申请参加最后的阅读考评，考评分三步：

一、自导自演（讲演5~8分钟，共40分）。自主选择本学期阅读的内容自己演讲，可以请其他人给予指导或参与演出，通过精心准备，呈现最好的自我。

二、抽签讲述（讲演5~8分钟，共40分）。自己抽取题签，现场脱稿讲述，这一环节全部独立完成。

以上两项面试的基本标准是"正确、流利、有感情、有个性"四个指标，每个指标10分。

三、笔试考查（共20分）。

笔试、面试总分100分，同学们如果得到80分以上，就可以获得"最美乐读者"的光荣称号，受到表彰！